公園から成り上がった
元プロバスケットボール選手

夏 達維

僕は叶える

無謀な夢を実現しよう!

みらい
PUBLISHING

小学校の時にやっていた野球やサッカーは
長く続かずに辞めた。
中学生になって一番熱心にやったバスケは
引退試合に一秒も出られず結局辞めた。
何も熱中することがなくなった。
高校では部活にも入らず
ただ毎日をなんとなく過ごしていた。
そんなある日、俺の人生を変える出来事が起きたんだ。

友人に誘われ
約2年ぶりにバスケをした時。
そこそこ自信があったバスケで
ズタボロに負けて…
初めて悔し泣きをした。
思い返せば…
中学で試合に出してもらえなかったのが理由で
俺はバスケを辞めた。
そして2年間諦めずにバスケを続けたやつに
負けた。

当然だ。
すげー 動けてたなー!!!
この2年間
夢中になれるものがなく
ダラダラと過ごしてきた。
またやろうなー
でもなんで…
こんなに悔しい？
自分から辞めたのに？
いや違う。
また やろうなー
俺はただ逃げてたんだ。
本当は
誰よりも
試合に出たかった。
誰よりも
バスケが好きだ。

決めた。
もう絶対に後悔したくない。
俺はもう逃げない。
バスケでプロになってやる!!

それから俺は
毎日ひたすら練習した。
部活に入らずにプロになるには
誰よりもやらないと…
もう絶対に誰にも負けない。
そうやって毎日自分を奮い立たせた。
雨の日は
雨の凌げる場所で。
コートもゴールも
何もないところで。
ひたすらドリブルをしたり
頭に浮かべた相手との
イメージトレーニング。
誰にも負けない量の
練習を重ねた。

10年後
3人制プロリーグ発足。
ドラフト5位で
名古屋初の3人制プロ選手に。
3X3.EXE
初回大会優勝という
好成績を残した。
3x3 PREMIER.EXE
Champions
¥300,000
そして…
ついに5人制プロでの
練習参加オファーがかかった。

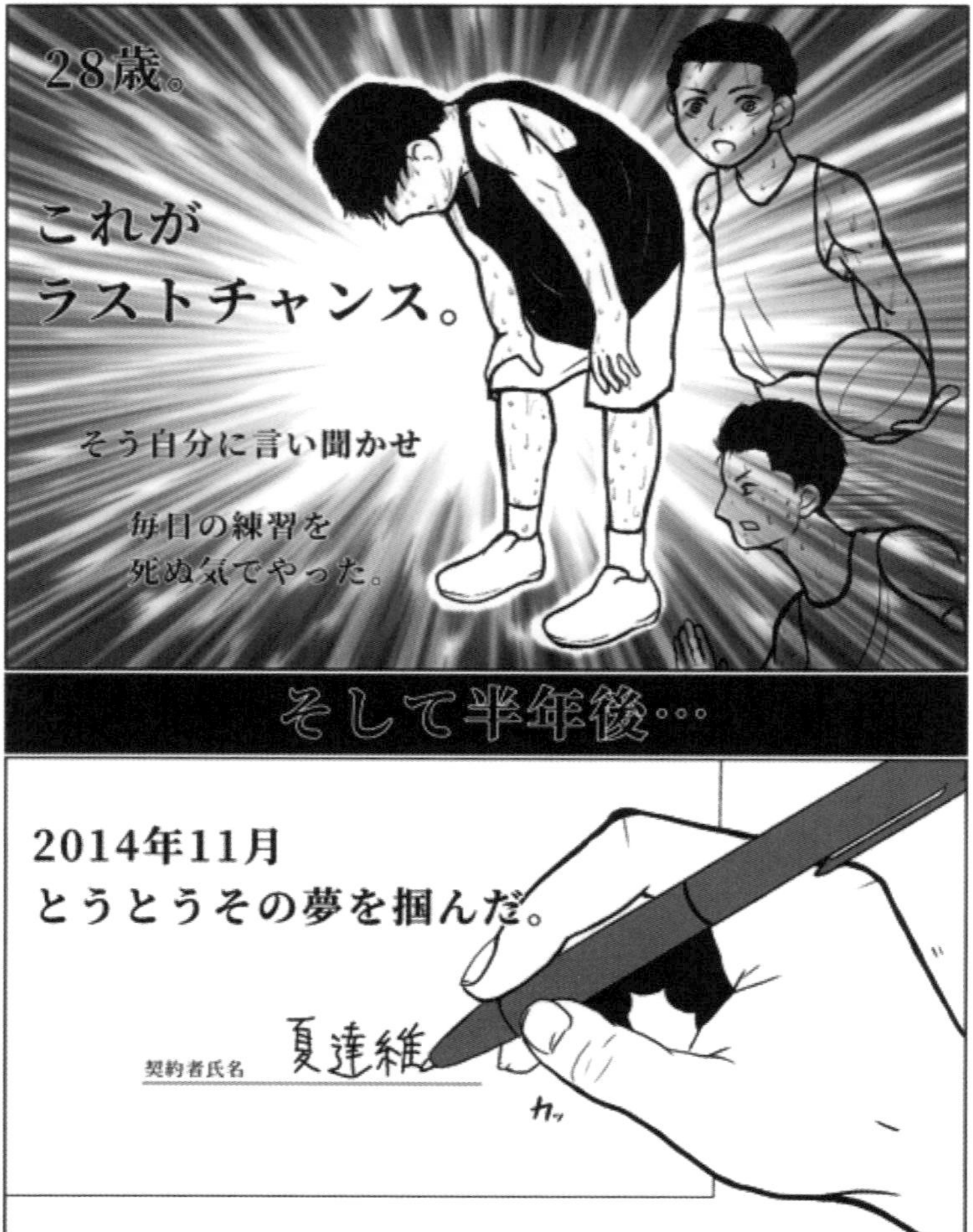
28歳。
これが
ラストチャンス。
そう自分に言い聞かせ
毎日の練習を
死ぬ気でやった。
そして半年後…
2014年11月
とうとうその夢を掴んだ。
契約者氏名
夏達維
カッ

はじめに

「部活に入らずに、プロバスケットボールの選手になる！」

——そんなこと無理でしょ、できるわけないよ。

——どうせ口だけだよ、すぐに諦めるよ。

——みんなと一緒に、普通に部活やればいいのにね。

夢に向かって、たったひとりで挑戦を始めた僕のまわりにウジャウジャとわいてきたのは、夢を諦めさせようとするドリームキラー（夢を殺す者）の存在だった。

こんなふうに、味方のふりをしながら足を引っ張る人が、世の中にはたくさんいる。

僕は高校で部活に入らず公園で練習を重ね、やがてプロバスケットボール選手としてデビュー、さらに3人制バスケットボール「3×3（スリーバイスリー）」のプロリーグ代表選手に選ばれた。

「部活に入らずに、プロバスケットボールの選手になる！」という、17歳のときに掲げた夢を叶えたのだ！

そしてプロバスケットボール選手を引退後は、全くの未経験から生命保険の営業職に飛び込んだ。

どうせやるからには誰もできなかった歴史を残してやろうと、「新人歴代1位」を目標に新たな挑戦を開始。

この目標を掲げた際にも、四方八方からドリームキラーが現れて「絶対に無理」とさんざん批判されたが、自ら宣言した通りに、「新人歴代1位」の営業成績を達成！

今も、トップ営業マンとして全国各地を飛び回っている。

実は、本を出版することも僕が掲げた夢のひとつだった。

「部活に所属していなくても頑張ればプロ選手になれることを証明する。その夢が叶ったら本を出して自分の経験を世の中に伝えたい！」

こんな思いは、無謀な夢を掲げた17歳の頃から持ち続けていた。

現在は、ネットやSNSの普及によって力のある人が世の中に出やすくなり、夢を叶えるルートも増えている。

一方で、夢に向かって頑張っている人に対して「無理だ」「いいカッコしやがって」と誹謗中傷し、嫉妬して足を引っ張ろうとするドリームキラーも、SNSを経由してたくさんわいてくるようになってしまった。

匿名の仮面をかぶったドリームキラーの言葉に傷つき、夢を諦めるような人がいたならば、それは本当にもったいない。

本書は、周囲の誰もが「無理だ」と反対する中、部活に所属せずにプロバスケットボール選手になる夢を叶え、そして未経験の保険営業職で新人歴代1位になった僕の、「夢を叶える方法」のエッセンスを凝縮した一冊だ。

他人から何を言われようが、君の人生は君自身のものだ。
どんなに不利な状況からでも夢を掴むことのできる方法を1日も早く身につけて、自分の思い通りの人生を歩いていこう。

この本が、未来を生きる若い人たちの力になることを願っている。

僕は叶える　無謀な夢を実現しよう!

目次

Chapter 1　夢を叶えられない人の思考と行動

Chapter 2　夢を叶えるためのマインドセット

Chapter 3　夢を叶えるためのアクション

Chapter 4　困難や挫折を乗り越えろ

Chapter 5　ドリームキラーとドリームハラスメント

Chapter 6　夢を叶える力になった「5つの言葉」

Epilogue　見えない努力と見える努力

おわりに

Prologue

僕はこうして夢を叶えてきた

自分だけ出られなかった中学の引退試合

「あいつ、あんなに上手かったか？　……いや、俺がヘタクソになったのか？　ちくしょう！　本当は俺ももっとやれるはずなのに……」

2年ぶりに友達とバスケをした僕の胸にわき上がったのは、驚きと戸惑いと、そして計り知れない悔しさだった。

小学校ではサッカー部、中学校の頃はみんなと一緒にバスケ部に入って、精一杯練習に打ち込んできた。

だが、中学3年生で迎えた最後の大会。僕は引退試合に一秒も出場することができなかった。僕以外の、ベンチ入りした同期のチームメイトたちは全員出場していたのに……。

「なんで俺だけ試合に出してもらえなかったんだ……」

それでいて顧問の先生は、「みんなよく頑張った！」などと部員を励ましている。

そんな光景を目にして、一気に情熱が冷めてしまった。

「俺の気持ちも知らないで、何なんだよ！」

一生懸命に頑張ってきた分、反動で立ち直れないほどの大きなショックを受けた。

それ以来、大好きだったバスケを自分から遠ざけてしまった。

高校に入学してからは「もうあんなみじめな思いをするのはこりごりだ」と、部活動には一切入らずにダラダラと過ごしていた。

だからといって勉強に専念するわけでもない。やりたいことも何もない。それなりに楽しいけれど、どこか空しくて物足りない高校生活。

「俺は、何をしているんだろう……」

そんなモヤモヤを抱えた時間を過ごしていた、ある日のこと。

ふとしたきっかけで、中学校の頃のチームメイトと放課後にバスケをすることになった。ガチ勝負ではなく遊びのつもりだったが、久しぶりのバスケに、いつしか僕は本気モードに突入していた。

しかし結果は、ボロ負け。

バスケを辞めずに続けていたチームメイトと僕とでは、この2年間で埋めようもない大きな差がついてしまっていた。


2年ぶりに感じた心からの悔しさに打ちひしがれ、僕は思わず泣いてしまった。

中学3年生でバスケを辞めてから、友達と遊んだりして楽しく過ごしてはいたが、夢中になれることなんてなかった。もちろん、悔しくて涙を流すなんてこともない。

何か夢中になれることはないかな……などとぼんやり考えていたけれど、楽しさだけでは、僕の心のスイッチは入らなかった。

「悔しい。なんでこんなに差がついてしまったんだ、俺は2年間も何をしていたんだ」

その感情が、僕の胸に火をつけた。そして同時に、目を背けていた事実に気がつく。

「俺は、やっぱりバスケが大好きだ！」

中学時代のトラウマから、目を背け続けてきたバスケの存在。でも自分はやっぱりバスケが大好きだった。バスケから離れていた2年という歳月が、好きという感情をさらに強いものにしていたのだ。

「大好きなバスケで、誰にも負けたくない！」

17歳の僕が、夢に向かってスタートを切った瞬間である。

「俺は部活に入らないで絶対プロになってやる！」

僕は最初から「部活に入らない」と決めていたわけではない。

中学時代のチームメイトにボロ負けして悔しくて、「もう一度バスケをやろう」と思った当初は、高校のバスケ部に途中から加入するつもりだった。

ところが、「俺はプロバスケットボール選手になる！」と夢を口にしたとたん、周囲から大反対を受ける。

「部活に入ってないやつがプロなんて絶対無理！」

そう、ドリームキラーたちの登場だ。

みんなから「無理だ」「やめろ」と批判され続け、僕は逆に反抗心を燃えたぎらせた。

「ふざけんな！　そんなに言うんだったら、俺は部活に入らないで絶対プロになってやる！」

そのときから、僕のたったひとりの挑戦が始まった。

部活に入っていないと、学校の体育館のバスケットボールコートを使うこともできない。練習場所を確保するところから戦いだ。

あれこれ探し回ったあげく、近所の公園で練習をすることにした。でも、雨が降った日には屋外では練習できない。そこで雨の日には高架下のバスケットゴールもないわずかなスペースで、濡れないようにして練習することにした。

当時、僕は「部活をやっているやつの2倍は練習しよう」「1日最低5時間は練習しよう」と決めていた。最低でもそのくらいやらなければ、彼らとの差は埋められないと分かっていたからだ。

当時はユーチューブもないので、家でバスケのビデオを見ては、プロ選手のプレーをひたすらイメージして真似をして、練習していた。

そんな僕の姿を見て、周囲のドリームキラーたちの批判はさらに勢いを増していった。

「あいつ、毎日何やっているんだ？」
「部活に入ってなくて、試合もできないのに、プロになれるわけないだろ」
「いつまで意地を張っているんだろうね」

こうした声は僕の耳にも入ってくる。ときには心が揺れ動くこともあったが、いったん決めた自分の信念を曲げるわけにはいかない。雑音には耳を貸さず、ただただ夢の実現だけを目指して走っていた。

結局、高校時代は部活に一度も所属することなく、プロを目指してひたすら公園で練習をやり通したのだった。

キャバクラで働きながらプロを目指す

高校卒業後もプロになるという夢に向かって練習を続けていた。親に勧められて、半ば無理やり大学に通っていたが、結局、半年で辞めてしまった。

やっぱり自分にはバスケしかない――。その思いが揺らぐことはなかった。練習や試合に出られる機会を求めて遠くに行く必要も出てきたので、クルマの免許も取得した。

そして、いろいろな場所に行ってバスケの練習をしているうちに、飲食店の店長をしている方と知り合ったのだ。

たったひとりでプロを目指している僕の状況を聞いてくれたその人は、

「お前、生活も大変だろう。うちの店で皿洗いやるか？　仕事は夜だから、昼間は練習できるぞ」と声をかけてくださった。

「はい！」何も考えずにそう返事をした。

後で判明するのだが、その店長さんのお店はキャバクラだったのである。そして僕はいきなりキャバクラで働くことになったのだ。

キャバクラは夜の仕事だ。深夜勤務で一睡もしないまま、早朝からクルマを2時間運転して練習試合に行く。そんなハードスケジュールの日も珍しくなかった。しかし、睡眠不足でどんなに身体はしんどくても、心はいつも燃えていた。プロになるという夢を捨てることはなく、日々の練習に励んでいた。

勤務先には「プロを目指す」と明かしていなかったので、「趣味のバスケにハマりすぎてるイタいやつ」だと思われていたかもしれない。だが、**周囲にどう思われているかなんてどうでもいい**。失うものなど何もない僕は、ひたすら前に向かって走るしかなかった。

バスケ関係者と知り合うたびに、「**僕は絶対にプロになります！**　練習でも試合でも、参加させてもらえるならどこでも行きますので、声をかけてください！」と、頭を下げてお願いする。バスケでくたくたになった身体を引きずって、夜のキャバクラ勤務へ向かう。そんな日々が7年ほど続いた。

毎日毎日、地道に練習とアピールを続けていた甲斐もあり、20代になってからは、地域のクラブチームの練習に参加したり、試合で助っ人として呼ばれたりする機会も徐々に増えて、やがて正式なメンバーとして所属できるようになる。試合で活躍して関係者の目にとまり、レベルの高いチームへと移籍してステップアップを繰り返していった。

無我夢中でもがき続けた20代の数年間。遠回りしたが、少しずつ「バスケットボール選手・夏達維」という存在が世間に認知されるようになっていった。

ついにプロバスケットボール選手になる！　だが……

「部活に入らないでプロになってやる！」

17歳のとき、そんな無謀な夢を掲げてから、いつしか11年もの時間が流れていた。

2014年11月、僕はNBL（ナショナル・バスケットボール・リーグ、当時）に所属していた和歌山トライアンズと正式にプロ契約を結ぶことができたのだ！部活無所属でプロバスケットボール選手になったのは、史上初のことである。

僕はそのとき28歳になっていた。

長年の夢を叶えてプロになった僕は意外に平静だった。喜びというよりは、「ホッとした」という心理のほうが強かっただろうか。周りの誰もが「無理だ」と批判した夢を叶えて現実にできた。これで、心配をかけ続けた両親にも、やっといい報告ができる。

そして、「これで正々堂々と毎日バスケができる」という嬉しさに満たされていた。

だが、喜びの時間は長くは続かない。

すぐにプロの厳しい現実を知らされる。それは当時のバスケ界の環境の問題でもあった。どのチームも経営基盤が弱く、ハッキリ言ってお金がなかったのだ。

僕はプロになる前、弟に「プロになったらめちゃくちゃカッコいいクルマで高校までお前を迎えに行ってやるよ！」などとよく軽口を叩いていたものだが、現実にプロ契約してみると、「えっ、給料これだけ？」というのが率直な感想だった。

「プロアスリート＝お金持ち」

そんなイメージが覆され、現実を突きつけられたので、プロになって喜ぶというよりは「これから頑張らなければ生き残れないぞ」という不安や緊張感のほうが大きかったかもしれない。

そしてその不安は的中する――。

毎日バスケができる環境は、
刺激的で充実していた。
しかし・・・
その日々は、わずか3ヶ月後に
終わりを告げる。
プルルル…
えっ

突然の一本の電話。
『本日をもってチームの活動を終了します。』
理解できずに向かったいつもの朝の自主練。
待っていたのは厳しい現実だった。

ここまで苦労してプロになったのに、僕の人生は順風満帆とはいかない。

プロ契約後、3ヶ月ほどしたある日のこと。

夜10時にチームのオーナーから電話があり、「今日をもってチームの活動を停止する」と告げられた。

ええっ⁉　何のことかさっぱり分からない。

翌朝、チームの練習場である体育館に行くと、入口に黄色いテープが貼られていて、中に入れない状態になっていた。まるでテレビドラマで見る事件現場のように、テープで封鎖されているのである。

昨晩の電話通り、チームの運営会社が経営破綻したことが分かったのだ。

いつも練習していた体育館も会社の資産だから、金融機関に差し押さえられてしまったのである。

「マジかよ。やっと夢が叶ってプロバスケットボール選手になれたのに……。これから俺はどうすればいいんだ？」

しばしの間、呆然としてしまった。


だが、落ち込んでいる暇などない。運営会社が経営破綻したということは、僕たち所属選手は明日から給料がもらえなくなるわけだ。

頭の中は不安でいっぱいだったが、そのとき、ある人の顔が浮かんだ。

僕がプロになったときに最初に電話した先輩である。

その先輩は以前オフシーズンの間、僕のクラブチームに練習に来てくれたこともあった。当時、僕は先輩に「僕も必ずプロの舞台に行ってみせます！　待っていてください！」とよく話していた。


その人に電話した。

「僕が入ったチームが潰れてしまって、一緒にプロの舞台でプレーできなくなってしまいました。」

チームが経営破綻して、すでに2週間くらいがたっていた。

実は当時、先輩のチームも同じように経営に問題があり、まさに立て直そうとしているときだった。そんな状況と、チームの選手のケガも重なって、僕は練習に呼んでもらうことができた。

このチャンスを逃すわけにはいかない。すぐにクルマに飛び乗ると、和歌山から茨城まで9時間かけて運転。休む間もなく、次の日の練習に参加した。

寝不足だのコンディション不良だのと言っていられる状況ではない。とにかくその時点で自分ができるベストを出しきった。

正直、結果はボロボロで、諦めかけていた。

だが、ケガ人が続出していたチーム状況もあり、「まずは試しに10日間だけ」という形で、かろうじて選手契約を結んでくれたのである。首の皮一枚でつながった希望。僕はそこにすべてを賭けた。

ちなみに「10日間契約」というのは、日本人では僕しかやったことがない珍しい契約形態だったらしい。そのくらいギリギリのところで、夢の舞台に踏みとどまっていたのだ。

この10日間は、間違いなく僕の人生で一番寝られなかった10日間だった。プレッシャーと睡眠不足でフラフラだったが、その10日間で4試合に出場し、チームからの信頼をなんとか勝ち取った。

そして2015年1月、つくばロボッツ（現・茨城ロボッツ）とも正式にプロ契約にこぎつけることができたのである。

「せっかく夢が叶ってプロバスケットボール選手になれたのだから、ちょっとやそっとのことで諦めてたまるか！」

この執念が僕を駆り立てていた。

話はやや前後するが、潰れてしまった和歌山トライアンズと契約する同年の2014年に、「3×3（3人制バスケットボール）」のプロリーグも開幕した。

3×3のプロリーグでも並行して初年度からプレーした僕は、翌年の日本人得点王に輝いた。さらに、3×3のプロリーグ代表にも選出されたのだ！

高校時代、僕のことをさんざん批判したドリームキラーたちの言うことなど、聞かなくてよかった。

その後、2016年に現在のBリーグ（ジャパン・プロフェッショナル・バスケットボールリーグ）が発足して以降は、茨城ロボッツ、東京八王子ビートレインズに所属してプレーを続けた。

途中、ケガをしてチームから戦力外通告を受け、ワンシーズン無所属の状態になった時期もあった。そのときもただ練習をしていては意味がないと思い、プロの舞台に戻れる方法を試行錯誤した。ホームページを作ったり、ツイッターやインスタグラムなどで、練習風景や自身の活動などの発信を続けるようにしてアピール。それを目にした他チームから声がかかって契約に結びついたこともあった。

そして2020年6月、6年間のプロ生活を終え、34歳で現役を引退した。

高校で部活に所属しなかった僕が、3×3のプロリーグ代表にも選ばれ、6年にわたってプロ選手として活動することができた。

17歳のときに掲げた大きな夢を、叶えられたのである。

未経験で飛び込んだ保険営業職で新人歴代1位

さて、プロバスケットボール選手を引退した僕は、またしても困難に直面していた。

プロとして最後に所属したチームでは、経営難で給料の遅れが続いていた。そして契約も途中で終わってしまい、僕自身もその影響で150万円の借金を負った状態だった。

「これからどうやって生活すればいいんだ？　借金もあるし……」

という不安でいっぱいだった。

一方、高校で部活に所属しなくてもプロになれたこと。さらに、プロになってからもチーム の経営破綻だけでなく、給料未払いや戦力外通告といった目にもあった。**そんな険しい山や谷を越えてきた自分であれば、他の仕事をしても成功できるのではないか。**そんなかすかな希望を胸に、とにかく必死で、新たなチャレンジに身を投じた。

そして、バスケを通じて知り合った経営者の紹介で、外資系生命保険会社に営業マンとして入社することになったのである。

もちろん全くの未経験だ。最初は正直、業界のことも全く分からずとりあえず生きていくためにこの業界に入った。そして1ヶ月の研修期間を経て、この業界にやりがいを感じ、ここで頑張っていこうと覚悟を決めた。

僕が入社した生命保険会社では、新人の営業成績のランキングが発表されることを知った。これはもうやるしかない。良いスタートを切るために、何より僕がこの業界で本気の覚悟を持っていることを周囲に認めてもらうために、ここで結果を出そうと決意した。

そして皆が集まる研修の場で僕は宣言した。

「僕は必ず、全国で新人歴代1位の営業成績を出します！　見ていてください！」

そう宣言したのには理由があった。

営業マンとして会社にいる限りは毎年の成績がついてまわる。仮にある年がダメだったとしても、「次の年に頑張ろう」とリベンジが可能になる。

でも、新人の営業ランキングというのは一度しかない。「一度きり」という限られた機会に全力を尽くすことで、自分がバスケで培った力が未経験の営業職でも通用するのかを証明してみたかった。

「ここで勝つか負けるかで、これからの俺の人生が決まる！」

そんな決意で、営業という新たなチャレンジに飛び込んだ。

そして僕は、宣言した通りに全国新人歴代1位の営業成績を上げることができた。この記録はいまだに破られていないそうだ。

新人研修が終わって以降も営業成績を上げ続け、卓越した生命保険のセールスマンだけが入会できるＭＤＲＴ（Million Dollar Round Table）に、活動期間半年にして選出された。

部活無所属でプロバスケットボール選手になったときと同じように、未経験の営業職においても、これまでの常識を覆す結果を出したのだ。

バスケと営業という異なる分野で目標を達成できた、僕なりの「夢を叶える方法」は、決して難しいものではない。

僕が夢を叶えたやり方を、経験やエピソードを交えて具体的に紹介していこう。

Chapter 1

夢を叶えられない人の思考と行動

行動の優先順位を誤ると、夢の実現を遠ざける

プロバスケットボール選手を一緒に目指していた仲間はたくさんいた。
でも現実には、プロになれた人と、なれなかった人とに明確に分かれてしまった。
その違いは何だったのか？

最大の理由は、**「ゴール（目標）に向かっている努力をしているかどうか？」**という点にあった。

僕と同じようにプロを目指していた、ある友人がいた。
友人はとても練習熱心で、曜日ごとに自分の決めたメニューを絶対にやり遂げる。
月曜日はこれ、火曜日はこれ、と自分のルーティンワークをきっちり決めていて、

それを欠かさずこなす。シュート練習でも、何百本というすごい量を自分に課して練習していた。

僕もプロを目指して毎日練習に励んでいたが、疲れたときには「今日はちょっと軽めの練習で終わりにしよう」と正直手を抜いてしまうこともあった。

しかし友人は自分で決めた練習メニューは絶対にやり遂げる。努力を続けるその姿勢については、僕も率直にリスペクトしていたのだ。

そんなある日のこと。

名古屋で活動している強豪チームから、「今度、うちの練習に参加してみないか？」とお誘いをいただいた。

当時の僕たちからすれば、レベル的にもかなり格上のチームだ。

誰でも参加できる練習ではないので、こんなチャンスを逃す手はない。

僕は喜び勇んで「参加します！」と返事をした。そして友人にも「こんないいお話がきたのだけど、一緒に行こう！」と声をかけた。

ところが、友人は何と答えたか。

「その日はシュート練習をやることになっているから行けない」

僕はびっくりして言葉を失った。プロに近づけるめったにないチャンスなのに、それよりも自分のルーティンを優先するのかと……。

自分のルーティンをこなすことで満足してしまっていて、本来の目的を見失っている。

結局、僕はひとりで練習に参加した。

そして、向こうで知り合った監督にお願いして、それから毎週のように練習へ参加させてもらえるようになったのである。

一方、練習に参加しなかった友人は、練習に来ることはなかったし、その後僕から誘うこともなかった。

夢を実現したければ、自分の行動がその夢にしっかり向かっているのかを考え、日々の行動に優先順位をつけよう。そうしなければ、せっかくの努力も意味がなくなってしまうだろう。

練習・自己分析・自己ブランディングのバランス

このときの決断が、プロになれるか、なれないかの分岐点だったと思っている。僕たちが目指していたゴールは「プロ選手になる」ということだったはずである。決して「シュート練習のプロになる」ということではない。この目的をはき違えてしまっては本末転倒だろう。

もちろん、バスケットボール選手として活躍するためにはシュートの技術は必要不可欠だ。しかし、それは全体からすればごく一部分でしかない。プロになるために必要なことは、シュート技術以外にもたくさんある。

当時の僕は、プロになるためにやるべきこととして、次の3点を意識していた。

①技術の向上（練習）
②どういう選手としてプロの世界で戦っていけるのかを決める（自己分析）
③自分という存在をプロ関係者に知ってもらう（自己ブランディング）

この3点の優先順位は、その人の置かれた状況によって違う。

そもそもバスケの技術がプロの水準に達していなければ話にならないから、技術アップのために練習に取り組むのは当然である。

高校や大学の部活で全国大会優勝するなど、バスケの世界である程度の知名度を得ている選手であれば、③の自己ブランディングにそこまで力を入れる必要はないかもしれない。

しかし部活に入っていない僕は、大会の実績や知名度が何もない。そのため、あらゆる機会を利用して、プロ関係者に自分という存在を知ってもらう必要がある。

いろいろなチームの練習や試合に顔を出すことで、関係者との出会いも生まれ、プロを目指している自分という存在をより多くの人に知ってもらえる。知ってもらえた分だけプロに近づけるのだ。

プロ選手になるために、自主練習のルーティンを崩しても強豪チームの練習に参加することを優先すべきなのは分かるだろう。それに、強豪チームでレベルの高いプレーヤーたちと一緒に練習するわけで、単純に技術の向上という面でもプラスは大きい。

僕は練習を否定していないし、自分で決めた練習計画をやり抜くこともとても大切だと思っている。だが、それはプロになるというゴールに向かっている努力なのかどうかは、常に自問自答する必要があるのだ。

そうしなければ知らず知らずのうちに、**練習すること自体が目的になってしまい、**「練習のための練習」を頑張ることで自己満足してしまうようになるだろう。そして目の前に転がってきたチャンスを、チャンスと気づくことなく終わってしまう。

練習、自己分析、自己ブランディングの3点に、その時々の状況に応じて優先順位をつけて、バランスよく取り組めているのかどうか。

今自分がやっている努力が、ゴールに向かっている努力なのかどうか。自己満足に陥っていないかどうか。

日々、自分のゴールを再確認し、優先順位をきちんと判断する。そうすることで正しい努力ができ、ゴールに向かって前進できるのだ。

コンフォートゾーンにとどまるな

年月をかければ誰でもある程度は成長する。しかし「ある程度」で終わってしまう。

その「ある程度の成長」で終わる人は、みんな「コンフォートゾーン内にとどまっている」人ばかりなのだ。

「コンフォートゾーン」とは、日本語で言うと「居心地の良い場所」のことだ。

人間の成長段階において、このコンフォートゾーンも含めて3つの心理状態がある。

①コンフォートゾーン：慣れ親しんだ居心地の良い場所

②ラーニングゾーン：コンフォートゾーンの外側にある場所。自分のスキルや能力があまり通用しない未知の領域で、ややストレスを感じる状態

③パニックゾーン：ラーニングゾーンのさらに外側にある場所。自分のスキルや能力が全く通用しない領域で、過度なストレスから思考停止状態になること

人間が成長するために重要なのは、

「コンフォートゾーンを抜け出して、ラーニングゾーンに自分の身を置く」

ということである。

プレッシャーもなく自分にとって居心地の良いところでずっと努力を続けていると、「自分は努力している」という満足感（自己満足）にひたることもできる。

しかし、コンフォートゾーンを一歩踏み出し、ラーニングゾーンに身を置くと、最初は自分のスキルや能力が通用しないことを突きつけられる。そして居心地の悪さやストレスを感じることだろう。それが嫌だから、コンフォートゾーンにとどまってしまうのだ。

自分の能力とかけ離れた世界であるパニックゾーンにいきなり飛び込んでしまうと、多大なストレスから心身のバランスを崩す恐れもあるので、注意が必要だ。でも、「チャンス」だと思ったらパニックゾーンであっても勇気を持って飛び込むべきときもある。

傷つくのが怖くて安全な場所に閉じこもっていても、自身の成長はない。まずはコンフォートゾーンから踏み出し、ラーニングゾーンに身を置くことを自分に課していこう。

「失敗」か「成功」かの分岐点は存在しない

夢を叶えられず上手くいかない人、行動が遅くなかなかチャレンジできない人は、物事を「失敗か成功か」だけで判断している人だ。

チャレンジは失敗か成功かというそのときの結果だけではない。**たとえ今は失敗に見える結果だとしても、その先に成功があることをまず理解しないといけない。**

失敗を恐れる人は、失敗を「ただの失敗」のままでとどめてしまう。

一方で失敗を恐れない人は、失敗の先に成功があることを分かっているので、**「成功へのプロセス」**に変えることができるのだ。

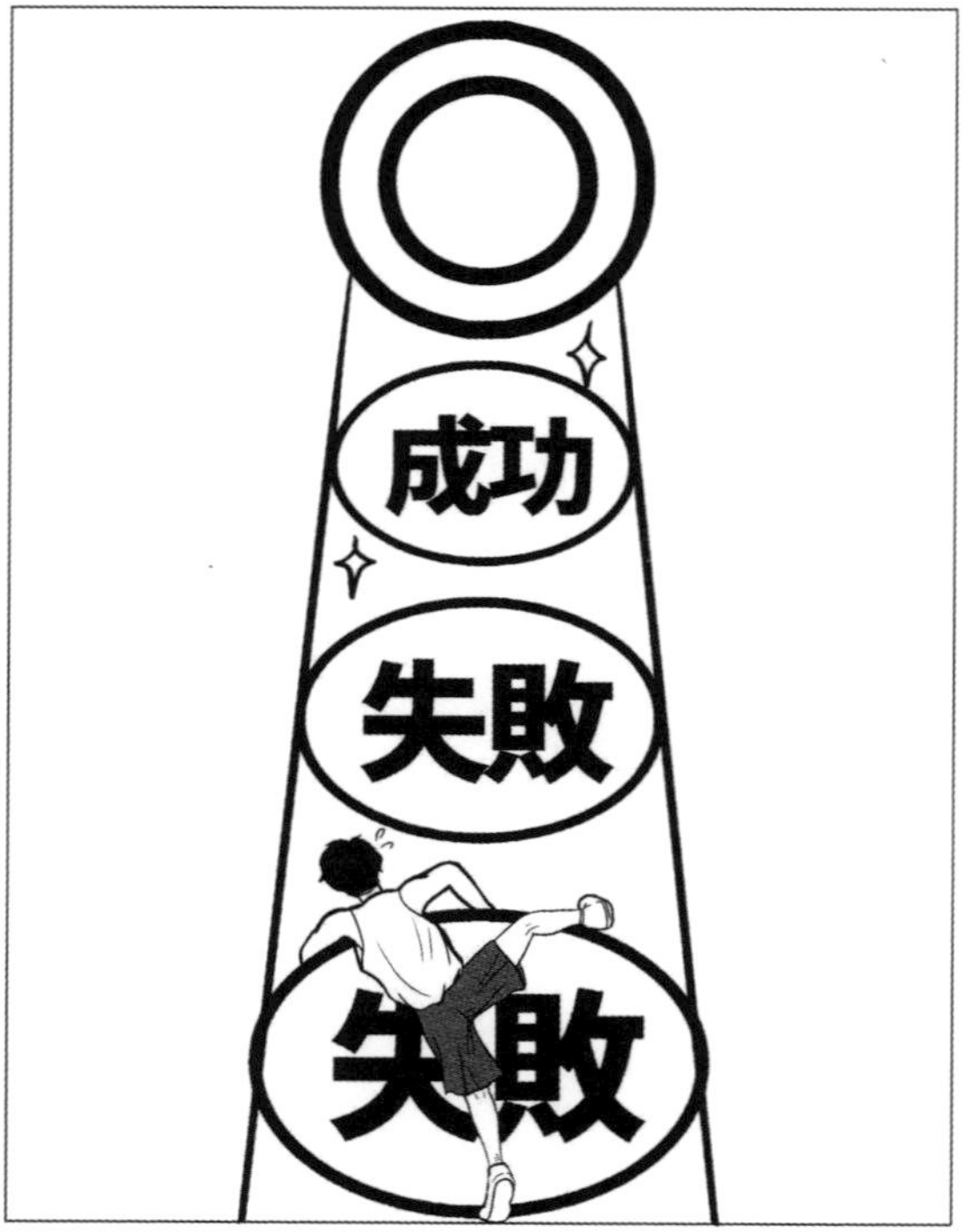
◎
成功
失敗
失敗

僕は、営業マンになって初めての商談に上司の帯同なしで飛び込んだ。それは、たとえ失敗しても、「成功へのプロセス」にできると確信していたからだ。

実際にお客様と商談をしてから、知識不足で分からなかったところを「こういう場合はどうすればいいでしょうか？」と上司に聞いて具体的に対策をしたほうが、短時間で実力が身につくのは明らかである。

いくら練習や勉強を重ねて、理屈を叩き込んだとしても、試合に出場したり、営業でお客様と対峙するといった、本番の独特の緊張感は経験しなければ分からない。本番を重ねることこそが、意味のある経験となるのだ。

本番で成功すればゴールへ向かって前進できるのは確かだ。

成功は自信につながる、失敗は成長につながる。

成長に関して言えば、むしろ本番で失敗したときのほうが、「なんで失敗したんだろう？」「こういうやり方は上手くいかないのか？」「次回はこの教訓を生かして対応しよう」と自問自答し、原因を探って対処しようとするものだ。

そう考えると、成功よりも失敗のほうが、自分自身の成長につながることが分かるだろう。

失敗したままなら本当の失敗で終わってしまうが、その先の成功につなげることができれば、それは失敗ではなく、「成功へのプロセス」だ。

つまり成功と失敗の分岐点はない。失敗を「成功へのプロセス」にしていければ、何度も積み重ねることでやがて本当の成功に辿り着ける。

周囲のライバルが練習や準備に時間をかけている間に、失敗を恐れずどんどん本番に挑んで、圧倒的なスピードで成長していこう。

失敗
成功

チャンスは「一度きり」

ゴールに向かって日々、努力をしていると、自分を上のステージへとステップアップできるチャンスが訪れることがある。

そのチャンスを自分のものにしていけるかどうかが、夢を叶えられる人と、叶えられない人との大きな違いなのだ。

チャンスは前触れもなく、突然目の前に現れる。その瞬間に決断を誤ると、いくら努力してもなかなかゴールには辿り着けない。それはスポーツでも仕事でも同じだ。

チャンスを逃してしまう人は、夢を叶えられない。

強豪チームの練習に呼ばれたとき、自分のルーティンを優先して参加しなかった友人の話をしたが、似たような人は他にもいた。

強豪チームから練習に誘われたときのこと。これも一緒に練習していた別の友人に「一緒に行かない？」と声をかけたところ、こんな答えが返ってきた。

「いまはケガ明けでコンディションが万全でないから、次の機会にお願いするね」

これまた、僕にとっては信じられない反応だった。結局、そのときも僕はひとりで強豪チームの練習に参加したのである。

スポーツ選手として、「ケガ明けでコンディションが万全でない」という事情は理解できる。

しかし、**「次の機会」が必ず自分のところに来る保証など、どこにあるのだろうか？**

そんな都合のいい話はどこにもない。

チャンスは突然やってくる。完璧な準備をした状態で臨めれば理想だが、多くの場合、「よりによってこんなときに？」と言いたくなるほど、予想外のタイミングでチャンスはやってくる。あなたの準備が整っているかどうか、自信がついているかどうかなど関係なく、チャンスは訪れる。

そのときに迷わず「はい！」と言ってチャンスに飛び込んでいけるかどうかで、夢に近づく可能性が大きく変わってくる。

仮にケガ明けでコンディションが万全でなかろうと、練習に顔を出すだけでチーム関係者に自分を覚えてもらうことはできるはずだ。

「今はコンディションが万全でないですが、もし機会があれば次もお願いします！」

このように頭を下げてお願いすることだって立派なアピールになるし、次のチャンスにつながるだろう。

営業の仕事でも同じような経験がある。

まだ僕が営業職を始めて半年も経っていないときに、ある社長さんたちの食事会にたまたま参加したことがあった。

そこで突然「今からここでプレゼンしてよ！」と無茶ぶりをされたのである。

僕は手元に資料などは何も持っていなかったが、すぐに「はい！　分かりました！」と言ってプレゼンを行った。

成功するか失敗するかはどうでもよい。このチャンスは二度と来ないかもしれないという思いでチャレンジした。

ここでもし僕が、「今日は準備ができていなくて……」「まだ新人なのでもう少し時間をください……」などと言って断っていたら、きっと何も起きなかっただろう。

結果、その場にいた社長さんのおひとりから後日契約をいただけたのである。

コンディションが良かろうが悪かろうが、準備が整っていようがいまいが、チャンスが来たらとにかく飛び込んでいく。

そのギラギラしたハングリー精神と緊張感を持つ者だけが、チャンスを自分のものにできるのだ。

成功した人の努力が想像できていない

どんな分野でも、努力の結果が出るまでにはある程度の時間がかかる。結果が出るまで努力を続けられない人の共通パターンは、「好きなことをやるのは『楽しいこと』というイメージが先行している」「結果を出した人の裏での苦労を想像できない」という傾向なのだ。

僕が「部活に入らず、プロバスケットボール選手になる」と決意できたのは、何よりもバスケが好きだったから。

しかし好きで目指した道だが、続けていく過程では苦しいことが数え切れないほどあった。プロを目指している間も、プロになってからも、「バスケが楽しい」と思う時間のほうが少ないときもあった。本当に嫌いになりそうだったこともある(笑)。

たとえ好きで始めたことであっても、高い目標を本気で達成しようと思えば、毎日辛いことばかり続くのが現実なのだ。打ち込んでいる対象を好きだからこそ、結果を出せなかったり、挫折したときの悔しさや辛さは、とても大きい。

辛いことや苦しいことといったマイナスの面から目をそらして、楽しいイメージだけを思い描いている人は、少しの苦労があっただけで諦めてしまう。現実はそんなに甘くないのだが、事前のイメージと現実とのギャップに苦しんでしまうのだ。

営業職でも、すぐ辞めてしまう人は決まって「思ったよりきつかったです」と言う。キラキラしたイメージだけを抱いてくる人は、すぐ辞めてしまうのだ。

夢を叶えるまで努力を続けられない人は、やがてくる挫折や苦悩を受け止める覚悟ができていないことが多い。

僕は生命保険会社の営業職になり、新人歴代1位をとった後も、180週連続契約などといった結果を出すなど、営業マンとして結果を残してきた自負がある。

だが、いつも営業が上手くいってサクサク結果が出せるわけではない。毎週、毎月、目標が達成できるように、冷や汗をたらしながら必死で頑張っている。

先日もこんなやりとりがあった。

ギリギリのところでその月の目標が達成できた僕が思わず、

「いや～、今月はマジできつかった。もうプレッシャーで寝られなかったよ」

と部内で本音を漏らしてしまった。すると後輩のひとりが、

「えっ、夏さんでもそんな苦しいときがあるんですか？　信じられません」

というような反応をしてきたのだ。

「何なら、毎日不安だけど」

僕はそう答えたが、同時に「こういうところの差なんだよな……」と気がついた。

たとえ年間1億円を売り上げる営業マンであったとしても、毎週や毎月の、数万円くらいの小さな数字を決して軽く見ない。それは社内外を問わず、結果を出している営業マンに共通している特徴だ。

結果を出している人が、どのくらいの努力や苦労をしているのか。それを自分ご

ととしてイメージできるかどうかが、非常に大事なのである。

彼らは、常人とかけ離れた存在ではない。誰もが同じ条件の中で戦っている。

その中で、小さな数字をおろそかにしない執念や、目標達成に対する危機感などを想像して、自分自身を省みていける人だけが、結果を出せるようになるのだ。


好きなことで夢を目指すのは素晴らしい。

しかし、**夢を叶えるためには、苦しいことや辛いことも引き受けていく覚悟が必要なのだ。**甘い夢だけ見ているようでは、何事も成就できない。

夢の実現を目指して頑張っていること自体に、価値や評価を得ようとしていては、いつまでたっても結果が出ないだろう。それが許されるのはせいぜい学生までだ。大人になったら、結果だけにフォーカスするという厳しい姿勢が必要になるのだ。


さらに、結果を出し続けるということにもフォーカスしていかなければいけない。

僕は保険の仕事で結果を出し続けるために、「何かあったら夏さんに頼もう」「困ったことがあれば夏さんに聞こう」と思ってもらえるように、人の役に立てる人間になるための行動を常に意識している。
決してキラキラなどしていない、日々の地道な努力の果てに、夢は叶えられるのだ。

Chapter 2

夢を叶えるためのマインドセット

「好きなこと」を書き出そう

夢を叶えていくために、どのようなマインドが必要なのだろうか？

僕が、自分自身の体験を話したりすると、「それは夏さんだからできたんですよ」という反応が返ってくることがある。

「夢を叶えられるのは特別な人間だけだ。自分には無理」

このような先入観のある人が世の中には多い。

だがそう思い込んでしまうのは、これまでの人生で周囲に出現した「ドリームキラー」の影響を受けてしまっているからだ。

正しい方法論に基づいた努力をすれば、誰だって夢を叶えることはできる。

最初のステップは**「夢を決める」**ことだ。

当たり前だが、「自分がどのような夢に向かって生きていくのか？」が定まらなければ、実際の行動に移すことなどできない。

自分が叶えたい夢とは何なのか？

具体的なイメージができるように、紙でもスマホでもパソコンでもいいので、まずは書き出してみることから始めよう。

この段階では、他人の反応を気にする必要はない。あなたが夢として思い浮かんだことを、心のままに素直に書き連ねていくのだ。

夢を書き出すうえで大事なポイントは、

「『できそうなこと』ではなく、『好きなこと』を書き出す」

ということだ。

多くの人は、自分で自分にブレーキをかけてしまい、せっかく夢を掲げようとしても、「できそうなこと」を書いてしまう。

「本当はあれをやりたかったのだけど、やっぱり自分には無理かもしれないな」

「自分の現状からして、このあたりに設定するのが適当かな」

こういう心理が夢を実現するうえで最大のハードルとなる。自分で自分の可能性にフタをしてしまってはもったいない。たとえ自分ひとりの力では不可能に思える夢だとしても、他人や周囲の力を借りれば実現可能になる場合はいくらでもあるからだ。

まずは自分の心に正直に「好きなこと」を書こう。ひとつに絞る必要はないから、叶えたいことがたくさんあれば、どんどん書き連ねていけばいい。

思いっきり大きな風呂敷を心の中に広げよう。風呂敷をたたむ具体的な方法は、後から考えればいいのだ。

今持っている夢を「通過点」に設定しよう!

僕はこれまでの人生で、その時々の夢に向かって全身全霊で努力し続けてきたという自負がある。

だが振り返ってみて、反省すべき点があるとすれば、

「夢を叶えた後のことを考えればよかった」

「夢は『通過点である』との意識を持つべきだった」

ということである。


なぜこう考えるようになったか。

10代の頃からの「部活に入らずにプロになる！」という夢を叶えてプロになってからは、客観的に見るとそれほど目立った実績を残したわけではないというのが現実だ。

部活に入らないという回り道を通ったから、プロになったのが28歳と比較的高齢だったということもある。

だが、もっと根本的な要因として考えられるのは、最初に掲げた夢が「プロになる」だったことだろう。

「プロになる」ことが夢だったし、その夢を叶えることはできた。でもプロになっ

てからどのような選手になりたいのか、どんなふうに活躍したいのか。プロになった先のイメージは明確でなかったのだ。

仮に僕が最初から「プロになって得点王をとる選手になる！」「Bリーグで優勝する！」「日本代表に入って誰もが知るスター選手になる！」といった、「大きすぎる夢」を描いていたらどうなっていただろう。

人生に「もしも」はないので分からないが、少なくとも「プロになる」という最初のハードルはもう一歩早く飛び越えることができたのではないかと思う。早くプロになればその分、選手としてもっと活躍できた可能性もあった。

僕の実感として、掲げた夢の「8割」くらいのところまでは、努力を続ければなんとか到達できる。だが最後に残りの「2割」をクリアするのが非常に困難で苦しい。

だからこそ最初から大きすぎるくらいの夢を掲げて努力していけば、その8割までの目標はクリアできるはずだ。

営業職で新たな挑戦をスタートする際には、その反省を生かした。

「新人歴代1位になる！」

これが目標だったが、あえて通過点になるように夢を設定した。その先の未来も考えるように、高いハードルを自分に課したのだ。

そして高いハードルをクリアできたからこそ、その後もずっと目標の営業成績をとり続けることができている。

今の夢を通過点にして、その夢を叶えるために頑張ることで、途中にある目標を一歩早くクリアできる自分に成長できるのだ。

今の夢を通過点にして、さらにその先の未来へ向かってチャレンジしよう！

モチベーションを上げすぎるな

「どうやったら夏さんのように、モチベーションを高い状態で保てるのでしょうか？」

という質問が最近よく寄せられるようになった。

僕はいつも、このように答えている。

「モチベーションを上げすぎないことが大事です」

逆説的だが、モチベーションを上げすぎると、その反動で大きく下がるものだ。

モチベーションが上がりすぎると、素の自分との間に大きなギャップが生じてしまう。そのギャップに気がつくと「自分はたいしたことないんじゃないか？」と我に返り、不必要に落ち込んでしまいかねない。そのことが、モチベーションが大幅に下がるきっかけにもなる。

大きく下がったモチベーションを再び上げるのは大変で、時間もかかる。結局、トータルではモチベーションが下がった状態の時間が長くなってしまう。

1週間のうち、モチベーションが上がっている日が2日間あっても、残りの5日間はモチベーションが下がって動きが悪いのであれば、その週のパフォーマンスは低い。

ならば、モチベーションが上下せず普通の状態で7日間過ごすか、仮に下がったとしても1日か2日で平常に戻せるぐらいに保っておきたい。

長期にわたって安定的なパフォーマンスを出すために大切なのは、モチベーションを上げることよりも、**上下の波をできる限りなくす**ことだ。

モチベーションが上がっているときはガンガン動けても、少し下がったぐらいでストップしてしまうなら、最初から上下の波を少なくしてそのレベルで継続したほうが結果としては良くなる。そうして習慣化して、モチベーションが一定のレベルの日常を作る。

僕も最初からモチベーションを一定に保てていたわけではない。プロバスケットボール選手を目指して頑張っていた20代前半の頃は、人並みにモチベーションの上下があった。

練習を終えて家に帰ると、モチベーションを上げる映像を見たり自己啓発の本を読んでみたりと、自分なりに試行錯誤を重ねていた。

モチベーションの低下を自覚するたびに「こんな状態ではダメだ！」と奮起して

自分を立て直す。そんな努力を反復して継続していくうちに、徐々にモチベーションが上下する波が小さくなっていった。仮にモチベーションが下がったときも、さほど時間をかけず元に戻せるようになり、いつしか一定の状態を保てるようになった。

それが他人から見れば「常にモチベーションが高い夏さん」というイメージに映るのかもしれないが、僕にとってはいたって普通の状態なのだ。

もちろん、本当に大事なのは、モチベーションに左右されずに行動できるくらい、自分を鍛えることであることは言うまでもない。

すべてを「自分ごと」にする責任感

「すべてを『自分ごと』にする責任感を持つ」

「何があっても他人のせいにしない」

「自分に矛先を向ける」

シンプルなことだが、ここでは実際に僕が体験したことをどのように自分ごとに変え、自分に矛先を向けていたかを簡単に書いていこう。

・チームの経営難による給料未払い
↓他のチームからオファーをもらえない自分が悪い

・プロ契約の口約束後、1ヶ月間チームと音信不通になり、話がなかったことに
↓契約書面を交わす前に安心してしまい、他チームのオファーを断ってしまった自分が悪い

・信用していた人に裏切られ、70万円の損失（笑）
↓信用しきっていていろいろな面で不用意だった自分が悪い

このように世の中には理不尽で、決して自分は悪くないことが起きるときもある。ただそんなときでも矛先は自分に向けて成長につなげていくことが大事である。誰かのせい、何かのせいにしていても何も解決しない。時間が過ぎていくだけ。「自分ごと」に変えることで、同じミスはもうしないように行動できるし、何よりこういう経験が大事な「学び」になる。

どんなことが起きても自分に矛先を向けて成長の糧にしていこう！

「まずは自分から」という考えを持とう！

「何か良いことがあったら感謝する」

もちろん当たり前で誰しもが分かっていることだ。

しかし、現実に日々の中で常に実践できているかといえば、できていない人も多いのではないだろうか。

僕がここで言いたい「まずは自分から」というポイントは、「まずは日々の当たり前のことに感謝しよう」ということでもある。

良いことがあったから感謝するのではない。「毎日、感謝しながら過ごしているからこそ、良いことは起こる」という、発想の転換が大事なのだ。


この法則はすべてに通じる。

例えば、「やる気が出たから動き出そう！」ではなく、「動き出すからやる気が出る！」ということも言えるのだ。

「まずは自分から」というマインドが、すべてにおいて大切だ。


他人に対する接し方も同様である。

「応援されたから、お返しに応援してあげよう！」というスタンスでは、いつまでたっても応援してもらえない。

「まず人を応援するから、いつの間にか自分も応援してもらえる」というのが真実だと思う。見返りを求めて行動するのではなく、まずは自分から相手のために行動する。そうすることで、相手からあなたに返ってくるわけだ。

僕の好きな言葉で、こんな言葉がある。

「幸せだから笑うんじゃない。笑うから幸せになるんだ」

まずは自分の行動や言動を、夢を叶える方向へ、幸福になる方向へと変えていこう。そうすれば、結果は後からついてくるのだ。

自分が変われば、環境も変えられる

高校生が学校の部活に所属しないでバスケをやるのは、本当に大変だった。

まず練習場所がない。そして練習相手もいない。もちろん試合にも出られない。

そんな状況でがむしゃらに頑張っていた。

すると、個人としてバスケの技術を磨くのはもちろん、どうやって試合に出て実戦経験を積むか、そしてプロ関係者に自分の存在を知ってもらうためにはどうすればいいのかなど、頑張れば頑張るほど次々と課題が出てきた。

それでも諦めずに頑張れたのは、**自分で決めた夢**だったからだ。

練習場所がなければバスケットゴールのある公園を探しまわる。ゴールがなくても、ドリブル練習など、やれることを探してやる。

練習相手がいなければ、一緒に練習してくれる人がいないか誰彼構わず聞いてまわる。

自分で決めた夢だから、その実現のために僕は思いつく限りの行動をした。他人や環境を批判したり、グチや文句を言っているヒマなどなかった。

ところが世の中には、自分が限界まで行動するより先に、他人や環境を批判する人たちがいるのだ。僕の実感だが、全体の8割ぐらいはそんな人間ばかりである。

「家の近くにバスケットゴールがないから練習ができないのは仕方ない」

「ひとりだとチームプレーの練習ができないのは仕方ない」
「環境が良くないから高いレベルでできないのは仕方ない」
そのように言いたくなる気持ちも分かるが、「仕方ない」の一言で終わらせてしまえば、自分の成長はない。

こうした言い訳を並べて、夢に向かって進まないことを他人や環境のせいにする。だが、いくら「自分は悪くない」と責任転嫁しようとも、時間は刻一刻と過ぎていく。ライバルはどんどん前進している。

負けたくなかったら、他人や環境を批判している時間などない。そんな時間があったら、「今自分に何ができるのか」と己に問おう。そして動いて、動いて、動きまくろう！

限界まで動いて、昨日までの自分を超えるのだ。そうやって死に物狂いで努力していけば、そんな姿を見てあなたの味方になる人間も現れてくる。

自分が変われば、他人や環境も変えることができる。他人や環境を批判する時間があったら、自分を変えることを考えるのだ。

毎日、夢を再確認する

自分が目指すべき夢を決めて、そこに向かって走り始め、がむしゃらに努力を重ねる。

それは当然のこととして、がむしゃらに夢を追いかけていると、いつの間にか夢に向かっていない努力をしてしまうときがある。

そのためにも毎日、客観的に自己分析し、必要なら軌道修正を考える時間をとろう。

人によっては朝起きてコーヒーを飲みながら1日の予定を確認しつつ考える人もいるだろうし、夜寝る前に今日やったことを振り返りながら分析する人もいるだろう。

自分なりのリズムで構わないが、毎日、少しでもいいから自分を振り返り、夢を再確認する時間を持つことだ。

毎日どのような努力を実践しているのかを省みながら、これからやるべき課題をノートやスマホに書き出して、頭を整理するのだ。

そして同時に、夢に向かうための覚悟と熱量を自分の中にわき起こさせる。

これはテクニックやハウツーの問題ではない。時代遅れの精神論や根性論のように聞こえるかもしれないが、**「絶対に夢を叶えるんだ！」**と毎日毎日、自分の潜在意識に響くくらい強く言い聞かせるのだ。

自分で自分をマインドコントロールするかのように、自己暗示をかける。

僕もそうやって、夢を叶えることを毎日強く自分に言い聞かせてきた。そうでもしなければ、部活に入らないでプロになったり、未経験から営業に飛び込んで新人歴代1位の結果を出したりすることはできなかった。

自分の部屋から一歩でも外に出れば、ドリームキラーが無数に出現するのが世の中の常である。日々、努力をしていても、心無いドリームキラーたちの言葉に、自分の情熱は少しずつ削られていく。

夢へ向かうエネルギーがすり減った状態でいくら頑張っても、さらに消耗を重ねていくだけだ。だからこそ日課として、**「夢を再確認し、自分の中に覚悟と熱量をつくりだす」**という時間を設けておこう。

時間がもったいないなどと思ってはいけない。どうせ、ダラダラとスマホをいじっていたりする時間が、1日のうち30分くらいはあるはずだ。時間がとれないはずはない。

あえて自分を見つめ直すための時間をとって、夢を再確認する。それが夢に向かって価値ある1日を送るカギでもあるのだ。

Chapter 3

Chapter 3

夢を叶えるための
アクション

【自分が誰よりも努力する】

優先順位は「スピード→量→質」

仕事でもなんでもそうだが、優先順位をどのようにつけて行動するのかが非常に大切だ。僕自身が、目標達成のために常に意識していた優先順位のつけ方がある。

①スピード→②量→③質

この優先順位で物事を判断してきたことで、多忙なスケジュールをやりくりしながら目標を達成できている。今の自分があるのもこの優先順位のつけ方が大きい。

物ごとにはとにかくまず反応して何らかのアクションをとる。すぐ反応することはお金もかからずタダでできるし、特別な能力も必要ない。誰にでもできる。

何度も取り組むことで上達するのは、スポーツでも仕事でも同じだ。スピードが早ければ、同じ時間で何度もチャレンジする機会を得られる。そうすると技術も向上していく。

つまり、**スピードが量を生み、量が質を生む**のだ。

もちろん最初は失敗したり、恥ずかしい思いをすることもあるだろう。だが、そうした経験を積んだほうが「今度こそ失敗しないぞ」という気持ちが入るので、上達も早くなる。

逆に、仕事や人生が上手くいっておらず、停滞している印象を受ける人は、この順序が違う場合が多い。つまり、①質→②量→③スピードの順番になってしまっているのだ。

最初から質を追求しようとすると、どうしてもスピードは遅くなる。すると同じ時間でチャレンジする回数も少なくなるので量も減る。試行する量が減れば、上達もしないので、結果的には質も向上しない。

営業でも同じことが言える。デスクで入念に資料を作り込んで質を追い求めるよりも、まずは機会があればすぐにお客様に会いに行く。先に直接会って話を聞き、お客様の要望をおさえてから必要な資料を準備する。そのほうが圧倒的に早いし、何よりも実際お客様のためになるのだ。

最初から質を優先して、スピードが遅くなる人は、失敗や恥をかくことを恐れる気持ちが強いのだろう。お客様の前で「このデータがない！」という事態になって慌てるのが嫌だから、考えられる限りすべてのデータを盛り込んだ大量の資料を作ろうとする。

だが、そんな仕事のやり方をしていたら、時間がいくらあっても足りない。準備は不十分でもいいから、まずはスピード感を持って反応し、チャレンジする量を増やそう。圧倒的に量をこなしていけば、質は自然と高まってくる。まずはスピードだ！

自分の限界を超えろ！

夢を叶える人、結果を出す人は、他人から見たら「そこまでやるのか」という努力を、日常として普通にこなしているものだ。

スポーツでも仕事でも勉強でも、自分の限界を超えようと挑戦するハードな日々は、最初はとてもきつく感じるだろう。

しかし人間とは不思議なものだ。どんなに辛かろうが苦しかろうが、**一定の努力を毎日続けていると、いつしかそれが自分にとっての「普通」になっていく。**人間の順応能力は、自分で考えている以上に高いのだ。

最初は「もう自分の限界だ。これ以上は絶対に無理」と思うほど苦しくても、続けていくうちに自分にとっての普通になっていく。それは成長の証でもある。

筋力トレーニングをしているときでも、「もう無理」という瞬間がある。だが、そこからが本当のスタートだ。

「身体より先に頭が『無理』と言っているだけだ！」と、担当のトレーナーさんにもよく言われていた。

どうしても人間は頭で自分の限界を決めてしまう。

もちろん、心身の健康を害するほどの努力は逆効果であるし、実際に健康を損ねてしまったら夢に向かって頑張ることもできなくなる。

しかし、どこが自分にとっての限界なのかを見極めるためにも、多少無理するくらいに頑張る経験はどこかで必要だ。そのうえで、自分が耐えられるギリギリのラインを設定して、その努力を日常的に継続していくのだ。

他人から見て「高い」レベルが自分にとっての「普通」になれば、周囲との競争でも負けなくなり、いずれ圧倒的な結果を出すこともできるようになる。

環境こそすべて

まだバスケでプロ契約をする前の20代前半の頃、僕はいくつかのクラブチームに所属していた。

最初はたったひとりで練習していたが、徐々に知り合いも増え、練習や試合に呼んでもらえるようになり、やがてクラブチームに所属するようになった。公園で毎日練習していた僕にとって、試合に出る機会があるのはありがたかった。

とはいえ夢はプロになることだ。アマチュアのクラブチームに安住しているわけにはいかない。

プロになるのが最終目標なので、少しでもレベルの高いチームでプレーできるチャンスは逃さなかった。そこで、強いチームと試合した際には、「今度、練習に行かせてください」と頼み込んだりもした。

そうやって毎回のように頼み込んでいると、「1回練習に来たら？」と言ってくれるチームも出てくる。たったひとりでよそのチームの練習に参加するのは少し勇気がいったが、ためらわずに新しい環境に飛び込んでいった。

練習内容や練習頻度はもちろん大事だ。

だが、それよりももっと大事なのが**「練習環境」**である。

強いチームの練習に行けば、それまで気づかなかった技術レベルの未熟さを嫌というほど思い知らされる。でも、そうやってコンフォートゾーンから一歩外に出て自分に負荷をかけるからこそ、成長も早まるのだ。

試合に出て活躍すれば、「夏さんせっかくだからうちのチームに入ってよ」と、向こうから声をかけてくれるようになる。そうすればしめたものだ。すぐに新しいチームへ移籍する。

元のチームには「僕はプロを目指しているので、より高いレベルの環境でプレーするために新しいチームに移ります。今までありがとうございました」と、ていねいに感謝を伝えながら、キッパリと別れを告げる。

ここで人間関係や情に流されて、楽な環境にとどまっているようでは、自分の夢は叶えられない。

そうやって、自分の意思でどんどん環境を変えていった結果、最終的にはアマチュア全国1位のチームに入ることができた。

自分を高め、夢へと近づくために、**環境を変えることをためらってはいけない。**むしろ**環境を変えていかないといけない。**

アンテナを敏感に張り巡らせて、チャンスがきたら即座に新しい環境に飛び込んでいこう!

継続するだけで「特別な1割」になれる

「継続が大事」というのはきっと読者の方々も分かっていることだろう。

しかし、ほとんどの人ができていないこともこの「継続」だ。

例えば僕でいうと、僕はSNSの更新を4年以上毎日欠かさず行っている。

無料のツールだし、僕にアドバイスを求めてきた営業マンにもそのことを伝えると、「分かりました！僕もやります！」と言うが、実際8〜9割の人が早い段階で辞めてしまう。まずは続けることが何より大事だ。その後に次は効果を出すためにはどうすれば良いかを考える。

続けないことには次にも進めない。これはこういった細かいことに限らず、チャレンジでも同じだ。チャレンジし続ければ、周りのライバルはほとんど途中で辞めていく。現時点で自分より優れたライバルがいても気にすることはない。8割の人間はどうせすぐに辞めてしまうのだから。

つまり、ほとんどの人が続けられないということは、**続けるだけで他の大多数と差をつけられる**。10人中9人が辞めてしまうのだから、続けるだけで他人と違う**「1割の特別な人間」**になれる。こんなにシンプルな話はない。

この法則を忘れないでほしい。

【人間関係を築いて味方を増やす】

あなたの夢が何であれ、それが自分ひとりの力で叶えられることはほとんどない。そのため周囲の人たちとの人間関係を大事にして、そして味方にしていくための努力も必要になってくるのだ。

ここでは、人間関係を築くうえで僕が意識してきた、ちょっとした知恵をご紹介しよう。

連絡は受け身の姿勢ではなく能動的に

時折、こんな言葉をかけてくる人がいる。

「ご都合がいいときに連絡ください」

一見、ていねいな言い方のように思われるかもしれない。

しかしよく考えてみると、「相手に連絡という手間をかけさせている」ということに気がつくのではないか。


自分のほうから用事があるのであれば、必ずこう言おう。

「それでは、またこちらからご連絡させていただきます」または、日にちや時間の候補日を送り、相手からの連絡を待つ。

バスケットボール選手時代、どこかのチームに練習に行かせてもらったときも、別れ際にはいつも、こうお願いしていた。

「またご連絡させていただくので、そのときにもしメンバーの空きがあれば喜んでうかがいます」

決して「空きがあったらご連絡ください」などと、相手に連絡させる、相手からの連絡を待つような言い方はしてこなかった。

細かいことかもしれないが、こうしたところに気遣いの差が出てしまうし、何よりもチャンスを自ら遠ざけることにもつながる。

そして相手からの連絡を待つということは、それ自体が受け身の姿勢に他ならない。

必ず自分のほうから連絡する意思を伝え、実際に自分から連絡をとるように心がけよう。

信頼関係を築くにはレスポンスのスピード

誰かとの連絡についてもうひとつ心がけているのは、連絡が来たときには「**とにかく早くレスポンスする**」ということだ。

早く返事をすることに、特別な技術も知識も必要ない。「レスポンスを早くする」ということを意識すればできる。

忙しい人ほどレスポンスは早い。後回しにして良いことなど何もないからだ。後回しにして忘れてしまうこともある。

特に、会う頻度が少ない人との信頼関係の構築は、レスポンスの早さしかないと思っている。

急きょ何か物事を頼まなければならなくなったり、相談したいというときに、読者の皆さんはどんな人に連絡を入れるだろうか？

普段から連絡がとりにくく、返信に数日かかるような人には連絡しないだろう。

レスポンスの早さという単純な行動だけでも、日々積み重ねていくことによって、他人から大きな信頼を得られるようになるのだ。

また、自分に都合が良いときだけレスポンスが早く、困ったときはレスポンスが遅いなどといった行動は、他人からすれば自己中心的に見える。特に、困ったらレスポンスが遅くなるというのは信頼を失うことに直結するので、注意しよう。

レスポンスを早くするという、たったこれだけのことを意識するだけで、大きなチャンスが転がってくる。

どんなときでも、可能な限りレスポンスは早くしよう！

相手の手間を省く気遣い

僕は**「相手の手間をひとつでも減らすこと」**を常に意識して行動している。
なぜなら、「自分だったら手間がひとつでも減ると嬉しい」と思っているので、自分がされて嬉しいことを他人に対しても行っている。

しかし、相手の手間を省くことに対して無神経で、むしろ手間をかけさせるようなビジネスをやっている人がけっこういる。先日もこんな事例を目にした。

ある会社が、自社の新商品の写真をインスタでアップしていた。

「おっ、新商品が出たんだ」と思ってその投稿をチェックしたのだが、商品の写真と説明はあるのに、購入サイトへのリンクが貼られていなかったのだ。

よく調べると、購入リンクは会社のホームページにあった。

インスタに購入リンクを貼っておけば、写真を見て「いいな」と思ったお客様はスマホでそのリンクをタップするだけで、すぐに購入することができる。

だが、その商品は、「インスタで商品を知る→会社のホームページへ飛ぶ→ホームページから購入ページを探してそこに行く」という3つのステップを踏まなければ買えない。ほとんどの人は途中で面倒くさくなってしまい、商品を買わないだろう。

相手の手間を省くという気遣いがないばかりに、商品を売るチャンスを逃してしまったのだ。

僕が日常的に、相手の手間を省くために意識しているのは、LINEの送り方である。

お客様と僕とでアポイントを調整するとき、最近はLINEで行うことが多い。

まず大事なのは、**「日にちだけでなく曜日も入れる」**である。

日程の候補を出す際に、単に「10月30日の午後はどうですか？」とメッセージを送ると、相手は「10月30日は何曜日だったっけ？」とカレンダーを確認するひと手間がかかってしまうかもしれない。

最初から僕が「10月30日（月）の午後はどうですか？」と送っていれば、相手はひと目で月曜日だと認識できるので、カレンダーを確認する手間が不要になるのだ。

あるいは、何かを送ってもらう際にこちらの住所を伝えるとしよう。

その際に住所だけを送る人もいるが、**僕は必ず「郵便番号」も記しておく**。こうすることで、相手がいざ送ろうとしたときに、郵便番号を確認する手間がいらなくなるのだ。

ちなみに郵便番号は、郵送ではなく他の業者のサービス（宅急便など）でものを送る際にも必要なので、必ず記すようにしている。


他人への気遣いといっても、特別なことではない。

「自分だったら、こうしてもらったら嬉しいな」

「自分だったら、こういう対応はイヤだな」

そう思っていることを、他人に対する行動に反映すればいいのだ。

自分では頑張っているつもりでも、他人への気遣いができない努力はムダになってしまうし、自己満足にしかならない。

「今自分がやっていることは、自分がされたら嬉しいだろうか？」

この視点で常に自分の行動をチェックするようにしよう。


【夢はひとりでは叶えられない】

自分の夢を他人の記憶に残せ！

自分自身の夢を決めて走り始めたならば、すぐにやるべきことは**「夢の宣言」**だ。

自分の夢を言葉にして、他人の記憶に残すことである。

自分の夢を他人の記憶に残す意味は大きく2つある。

ひとつめは、**妥協できない状態に自分を追い込む**ことだ。

2つめは、これからやってくる挫折、困難を乗り越えるという覚悟を作ることだ。

日本人は「不言実行」が好きだ。誰にも言わず黙々と努力を続けて、結果が出て初めて周囲の人たちが知る、という展開が好まれる。

だが僕は反対だ。ほとんどの人間は弱いから、誰にも言わず黙々と努力を続けることは難しい。**言葉にして他人に伝えなかった夢は、ほぼ叶うことはない。**

他人に夢を宣言するのは、たしかに恥ずかしい。それに夢を宣言してしまうと、サボっている姿を見られたら、「あいつ、偉そうに夢を語っていたけど、どうせ本気じゃないよ」と思われて、批判されたりバカにされたりもする。

だが、他人からの目が気になって夢を宣言できないのなら、そもそも夢を叶えるなんて不可能だ。自分の心から弱気をたたき出し、後に引けない状態にするためにも、夢の宣言はとても大事なのである。

そして、**他人の記憶に夢を残す**ことで、夢を応援してくれる人が出てくるのだ。

夢を宣言した当初は、ドリームキラーたちが現れて、むしろ傷つくことがあるかもしれない。

だが、世の中は悪意ある人たちばかりではない。味方になってくれる人もいる。

ひとりでは叶えられない夢でも、周りの人たちの力を借りて叶えられることはたくさんある。

僕もプロになる前は、会う人会う人に「プロになりたいんです！」「試合でも練習でもどこでも行きますから声をかけてください」と、とにかく言いまくった。

10人中9人は聞き流していたかもしれない。でも10人のうちひとりの心に届いて、何かのときに「そういえば夏さんがいたな。連絡してみようか」と思い出してくれれば、次のチャンスにつながる。

営業でも同じだ。「絶対にトップをとりたいんです！」と言い続けていると、いろいろな人が「そういえば夏さん頑張っていたな」と思い出して、何かの拍子に人を紹介してくれる。

だから僕は、できる見込みがあろうとなかろうと、「この夢を叶えたいんです！」「必ずやります！」と返事をして、それからどうやってやるかを考える。まず言葉にして他人の記憶に残せば、応援してくれる人が現れるからだ。

宣言するだけならタダだ。まずは大きく夢という風呂敷を広げて、たたむときはときには周りの人たちの力を借りる！

夢の宣言こそが、あなたが夢に向かって走り出す第一歩なのだ。

「言い切る」言葉の力

先日、バスケをやっていたときの後輩が僕のところに相談にきた。

「自分も夏さんのように、営業の世界でトップになりたいと思っているんですよね～」

その口調が気になりつつ、最後まで話を聞いてみても、すべてが抽象的であいまいな印象しか受けなかった。

そこで僕は、後輩に対してこのように指摘した。

「『営業トップになりたいと思っている』なんて言い方をしていたら、いつまでたってもなれないよ。本当になりたいなら、『営業トップになる』と、ハッキリ言い切るようにしよう！ そのほうが、聞いている人も気持ちがいいものだよ！」

僕はこれまでの人生で、思っていることをハッキリ言い切ることを意識してきた。

「部活に入らずにプロバスケットボール選手になる！」

「全国で新人歴代1位の営業成績を出す！」

このように、**「〜する、〜なる」**とキッチリ言い切るようにしてきたのだ。

一方で「〜したい、〜なりたい」という、語尾がフワッとした言い方はしない。

自分自身の夢や目標に言及するときはもちろんだが、他人に何かを伝えたり頼んだりするときや、大人数の前でプレゼンやスピーチをするときも同様である。


語尾を断言しない言い方ばかりをしていると、「この人、『なりたい』って言ってるけど、本当にやる気があるのかな？」と、相手から信用されなくなってしまう。

普段から語尾を言い切るように意識しておくことで、他人からも「本当にこの人はやろうとしている」と信じてもらえるのだ。

そして僕の経験上、「〜したい、〜なりたい」と言っている間、周囲の人間は応援するだけで自分の手足を動かしてはくれない。

「～する、～なる」と言い切って初めて、他人があなたの夢のために己の手足を動かして協力してくれるようになるのだ。

口から出る言葉は、自分の心を反映している。そして心も、自分の口から出る言葉に影響される。常日頃から「～する、～なる」と言い切っていると、自分の心もそれに引っ張られて「必ず～するのだ」という強い意思が形づくられていく。

むしろ「本当に僕にできるのだろうか……」と心が弱っているときこそ、口に出す言葉をあえて「～できる」と言い切ることで、自分で自分を叱咤激励して立て直してきた。

発言を変えれば、心も変えられる。言い切る言葉の力で、夢を叶える方向へ自分自身の心を向かわせ、まわりの人をあなたの夢に巻き込んでいくのだ。

自己アピールにSNSをフル活用

28歳でプロ入りした僕は、すでにアスリートとしては若くはない年齢だった。そのためケガとの戦いは避けては通れなかった。

プロ入り後、茨城ロボッツで3年間プレーしたが、思うような結果も出せず、さらにシーズン終わりにケガもしてしまい、戦力外通告を受けてしまった。

このときのことは今でもよく覚えている。

ある晩、突然チーム関係者から電話がかかってきて、近所のファミレスに呼び出された。僕は松葉杖をついて必死にそのファミレスに向かったのだが、席に着くなり「夏と来季の契約を結ぶことはできない」と告げられたのだった。

「えっ⁉」

結果がすべての世界で、こうなることは少なからず予想はしていたものの、かなりのショックで茫然としてしまった。

チームとしては、次のチームを探す準備もあるから、できるだけ早く伝えてあげるのが僕のためだと気を遣ってくれたらしいが……内心はかなり辛かった。

こうして戦力外通告を受けて、僕は所属チームのない「浪人」の状態になってしまったのである。

しかし、まだまだ諦めるわけにはいかない。

「絶対にプロに復帰する。ケガになんか負けてたまるか！」

こんな思いで、浪人中も解雇されたチームの練習に参加させてもらったりもした。プライドなんて必要なかった。

だが、バスケットボール選手なら練習を続けるのは当たり前だ。ここまでしっかりとした結果を残してこれなかった僕にとって大事なのは自分という存在を知ってもらうことだった。自分が今どんな状態なのかをプロ関係者に知らせる機会をどうにかして作る必要があった。

僕は、ひと通りのチームに電話したり、メールでプレーのハイライト動画を送ったりもした。

そのうえで、他にもできることは何かないだろうか？　と考え、ＳＮＳに目をつけたのだ。

「タダで使えて、いつでも自分の活動を発信できる。ＳＮＳを活用しない手はない！」

僕はここに活路を見出そうと、毎日の練習の様子をＳＮＳにアップしていった。

「今日はシュート練習を３００本！」

「久しぶりにサーキットトレーニングをやった。ケガからの回復も順調！」

「以前プレーしたことのあるチームと一緒に３×３で実戦トレーニング！」

こんな具合で、言葉だけでなく動画もアップして、「僕はいつでも試合に出る準備ができています！」ということをＳＮＳでアピールし続けたのだ。

もちろんそんなことですぐに契約になるほど甘くない。

焦る気持ちを抑えつつ、とにかく継続。「自分は練習をして、その様子を発信し続けるしかない。どこかのチームが僕を必要とするタイミングが必ずくる！」と自分に言い聞かせながら、ＳＮＳのアップを続けていた。

試合を重ねていくと、どのチームもケガ人が出てくる。場合によってはベンチ入りメンバーも足りなくなる事態にもなる。そんなときに、即戦力となるプレーヤーを探すことになるのだ。僕はそのチャンスに賭けていた。

その年のシーズンが後半戦になった頃、携帯に電話がかかってきた。

「夏さん、SNS見たけど、前のチームを離れてからもずっと練習を続けていますよね。だったら試合も出られる状態ですか？」

「はい、もちろんです！」

「でしたら、来週からうちのチームの練習に来てくれませんか？　シーズン後半戦になってケガ人が続出していて、メンバーのやりくりが大変な状況なんですよ」

「分かりました！　すぐに行きます。ありがとうございます！」

こうして次のチーム、当時B2リーグ所属の東京八王子ビートレインズとのプロ契約にこぎつけたのだ。

僕は自分の実力も実績も誰よりも理解している。悔しいが実力と実績が十分ならそもそもこんな状況にはなっていない。なので、大事なのはいつでもチームに加わる準備ができていて、何よりも「プロの舞台に戻る」という熱い気持ちを周囲に知ってもらうこと。営業職をやっている現在も僕がSNSを更新し続けるのは、自分という存在をアピールすることがどれほど大事かをよく知っているからなのだ。

【SNSで大バズリ!?】「相棒のぶー」

日々の投稿の中で、特に「バズる」のは、僕が飼っている子ブタの「ぶー」の動画だ。

「なんで夏さん、子ブタなんか飼っているんですか?」と、よく聞かれる。

ぶーはもともと、名古屋で引き取った保護ブタだった。

「たらい回しのブタがいる。」と
連絡をうけた。
1人目、2人目と
飼えなくなって
行き場をなくしていた。
無責任な人間にイライラして
直感で助けなきゃと思った。
たしゅけてくだしゃい
親にも妻にも相談せず
引き取った。(笑)
そしてそのまま
出張に行った。(笑)
それが
ぶーとの出会い。

もちろん自分がまさかブタを飼うとは思ってもいなかったが（笑）、たらい回しのブタがいると聞いたとき、直感で「この子ブタを助けなきゃ」と思い引き取ることにした。

そしてぶーの引き取りはスケジュール上仕方なく、出張の日となった（笑）

助手席にぶーを乗せて行き、アポの時間にちょうど寝てくれたので、クルマに残したまま、お客様との商談に向かった。

「実は今、僕のクルマで子ブタが寝ているんですが、途中で目を覚ましたらあやしに行くかもしれません」 商談の冒頭で僕がそう切り出すと、お客様は爆笑してくれた。

そして実際、ぶーは商談中に目を覚まして「ブー、ブー」と鳴きだし、慌ててあやしに戻ったのだった（笑）

Chapter 4

困難や挫折を乗り越えろ

Chapter 4

僕が経験した3度の大きな困難

ここでは、夢を叶える過程において避けては通れない、困難や挫折、失敗、夢を諦めそうなときを、どのようにして乗り越えていけばいいのかについて述べよう。どんな夢であっても、叶える道のりは平坦ではない。苦しい局面を打破して進んでいった人だけが、夢を叶えていける。そして困難や挫折を乗り越えた経験は、間違いなく自分自身の財産となっていくのだ。

僕はプロバスケットボール選手として活動した約6年間で、3度の大きな困難に直面した。

それらを乗り越えるたびに実感したのは、

「困難は成長する最大のチャンス」

ということだった。

ひとつめの困難は、夢を叶えて念願のプロ契約を果たしたわずか2ヶ月後にチームが経営破綻し、チームがなくなってしまったことだ。

2つめの困難は、2年半ほど所属した茨城ロボッツから戦力外通告を受け、所属チームがない浪人状態になったときだ。

いずれのピンチも、不運を嘆くよりも自分ができることに集中して精一杯やることで、次のチームの契約を勝ち取れたことは、本書ですでに述べてきた通りである。

そして3つめの困難は、膝の手術をしたシーズンに所属チームが経営難になり、同時に新型コロナウイルス感染拡大が到来したことだ。ここでは、この3つめの困難を乗り越えた経験について振り返りたい。

給料未払い、ケガした足を引きずってアルバイト

僕が現役最後に所属したチームは、浪人期間を経て２０１８年に契約した、東京八王子ビートレインズで、ありがたいことに翌シーズンの契約も決まり順調だった。僕はそのとき、ケガをごまかしながらプレーを続けてきた無理がたたって、膝の痛みに耐えられなくなり、オフシーズンに手術することを決断した。

ところが、膝の手術を終えてリハビリ中に、またしてもチームの経営難が表面化したのである。給料の遅れが発生し、それが継続的に起き、選手たちが練習をボイコットする事態になってしまった。トレーナーも選手と一緒にボイコットしていたので当然トレーナーとのリハビリもできない。

「ヤバい、このまま給料がもらえなくなったら生活ができない！」

焦った僕は、スポンサーさんの会社に頭を下げて、「何かアルバイトさせてくださ い」と頼み込んだ。

ケガで痛む足を引きずりながらゴミ収集車に乗ったり、昔お世話になった人のところで建設現場の仕事をしたりなど、ときには3日で7時間しか寝ないで働いたりもした。

プロ入り直後に所属チームが潰れたときと同じ、ヤバい雰囲気を察知したからだ。そして紆余曲折ののち、一度は結んだ契約を契約途中で解消することになり、チームを退団することになってしまった。

給料が未払いだった分の生活費などで、個人的にもかなりの額の借金を抱えていた。

「もう無理か……」と諦めかけていたところで、別のチームからオファーが届いた。膝の手術をしたばかりという事情を伝えても、「それでも大丈夫」「プレーできない間はアシスタントコーチをやってもらえればいい」という、願ってもない条件である。

迷ったが、現役続行への思いは断ちがたく、誘ってくださったチームのオファーを受けようと思い、率直に心境を伝えた。

「もう若くもなく、ケガをしている僕にオファーを出してくれて本当に嬉しいです。でもご存じの通り、前のチームで最後は経営難による途中解雇になり、経済的にも苦しい状態です。万が一、もう一度未払いが起きたら本当に生活ができなくなります。このチームは本当に大丈夫でしょうか？」

そこまで正直に聞き、「うちは大丈夫」との返事をいただいたので、入団した。

ところが、一難去ってまた一難。

運悪く、移籍してすぐの時期に、新型コロナウイルス感染の拡大が到来した。Bリーグの公式試合も中止になり、入場料収入もなくなった。歴史の浅いBリーグは、一部のチームは経営基盤が脆弱だ。スポンサー企業の脱退なども相次ぎ、一部のチームは経営難に陥る事態となってしまった。

僕が入団したチームも例外ではない。入団した初月から給料未払いになった。

このときは本当に、自分は疫病神なのではないかと思ってしまうくらい災難続きだった（笑）

前チームでも給料が支払われない時期がしばらくあったので経済的に苦しく、借金も抱えていた。何よりもまず仕事を探さなければならない。

僕はあらゆる知り合いのところに声をかけて、何か仕事はないかと探し回った。そうしている間にも当然時間は過ぎていくし、家賃やその他の支払いも待っている。なんとかしなければいけないと焦って動き回っていたときにたまたま6000枚のマスクを仕入れることができた。

当時は新型コロナウイルス感染拡大が始まったばかりで、マスク不足が社会問題になっていた。中にはマスクを法外な値段で売る店もたくさんあった。

僕は当時、東京の八王子市に住んでいた。6000枚のマスクが自宅に届くと、フェイスブックやインスタグラム、ツイッターなどあらゆるSNSを使って発信した。

「マスクが6000枚あります。薬局と同じ通常の値段で販売します。近くなら僕が届けに行きますので送料も不要です。必要な方は連絡ください」

すぐに「売ってほしい」と連絡が殺到し、3日間で6000枚のマスクが完売した。

マスクを売って得た利益は、借金の返済や生活費の支払いですぐになくなってしまった。だが、社会がコロナ禍で動きを止めている間に、僕自身はがむしゃらに動き回ったことで、当面の経済的苦境を脱することができたのである。

膝のケガ、チームの経営難、そして新型コロナウイルス……。

「ここらへんが、もう辞めどきかもしれないな」

自分の中でストンと腑に落ちる感覚があった。

「バスケはやり切った。これまで頑張ってきた経験があれば、どんなことでもできる」

このような確信も、胸の内に生まれていたのである。

2020年6月にプロバスケットボール選手の活動にピリオドを打った。引退を決めたときは、「もうあの厳しい戦いをしなくていいのだ」と、ホッとした感情に満たされていた。

プロに入ってすぐの
経営破綻
10日間契約から
本契約に繋げてプロ復帰
3シーズン後
怪我にて戦力外通告による
1年間のプロ離脱
膝の手術による
リハビリの日々
給料の遅れ
チーム活動の停止
それに伴う
バイトの日々
経営難による途中解雇
コロナ禍でのシーズンの途中終了
俺はとうとう、
引退を決意した。

波瀾万丈な
バスケ人生だった。
理想の終わり方ではなかったかもしれないが、
引退を決めた時、
やり切ったと思う自分がいた。
悔しいや悲しいという感情はなく、
心のどこかで張り詰めていた糸が切れたような
ほっとしたような、そんな気分だった。
よく頑張った、自分。

困難に直面しても「幸せだ」と即答しよう！

こうして振り返ってみると、これだけの困難に直面して、よくめげなかったものだと我ながら感心する（笑）。

だが、どんな夢や目標でも、それを達成するまでは何かしらの困難に必ず遭遇するものだ。だからこそ、困難に直面した際の心構えをしておくことが大切である。

僕は入団したチームが経営難に陥って、その影響で自分自身も経済的に苦しい状況に追い込まれることが多かった。ときには、「チームが経営難になるのは、僕のせいなのか？」などと自問自答することもあったくらいだ。

僕はこういう困難や辛いことがあったときに必ずやっていることがある。

それは**「お前は今幸せか？」**と自分に問いかけることだ。

そして「幸せだ」と即答する。そしてその直後に幸せの理由を付け足す。

例えば「夢に向かって進み、困難に対して挑戦できる」それ自体が幸せだと。こうすることで初心に帰ることができ、辛いときでも前向きにもうひと踏ん張りできると思っている。

大事なのは、不運を嘆いて諦めるのではなく、**その不運も次のステップに変えていこう**とするポジティブな考え方と行動である。

嘆いているヒマがあったら、できることを探して、すぐに実行しよう！　それが成功の秘訣なのだ。

僕自身も、困難が襲ってくるたびにそれに対して必死で応戦し、乗り越えてきた。そして困難を乗り越えるたびに強くなってきたのだ。

困難への応戦を通じて、自分自身の新しい能力が開花する。人間は追い込まれたとき、自分でも驚くほど成長できることを、僕は6年間のプロ生活で学んだ。

僕はバスケで困難を乗り越えた経験がなければ、今の仕事もできていない。あの経験のおかげでタフになったし、成長できている。

困難は最大のチャンス。困難が訪れたら「成長のチャンスが来た。ツイてるぞ！」と喜ぶくらいの気持ちで、思いっきりぶつかっていくのだ。

と、今はこんな偉そうなことを言っているが、僕も実際に困難に直面したら大変だし、ぶっちゃけ今でも不安で眠れないときがある……（笑）。

自分でコントロールできないことに時間を費やさない

夢を叶える途上においては様々なことが起こるものだ。ときには、心がくじけそうになるような困難に直面することも珍しくはない。

困難が襲ってきたときは精神的に動揺する。だが、少し落ち着いて、まずはその困難の正体を切り分けて考えてみよう。具体的には、次の2つに分類するのだ。

・自分でコントロールできること
・自分でコントロールできないこと

単純な分け方だが、とても大事なことなので覚えておいてほしい。この2つを切り分けて考えられない人が、意外に多いのだ。

僕のバスケを例にとって考えてみよう。

強豪チームの練習に参加したら手も足も出ずコテンパンにされたり、生活費を捻出するアルバイトとバスケの練習の両立が難しくなったりすることは、「自分でコントロールできること」に分類できる。

自分の技術では太刀打ちできなかったなら、もっと上手くなるように練習すればいい。アルバイトとバスケの両立が難しければ、時給が高く時間の融通が利く仕事を探せばよい。ときには睡眠時間を削ったりしてなんとかするのだ。

一方、所属チームが経営破綻してしまったことは、「自分でコントロールできないこと」である。僕は一選手に過ぎず、チームの経営に関与できる立場ではないからだ。そのため、チームの経営破綻に対して、自分の時間を費やすのはムダである。

僕は「チームの経営破綻に対して自分ができることはない」と見切っていたので、そうした活動には一切加わらなかった。経営に文句を言っても仕方がないからだ。

その代わり、選手という自分の立場でやれることを考え、いち早く自分を売り込んで新しいチームへの移籍を勝ち取った。選手として、バスケをプレーできる環境を確保することが最優先であるからだ。

また新型コロナウイルスの感染拡大は、「自分がコントロールできないこと」の最たるものであった。

僕は現役引退の直前で膝の手術をしたばかりで、チームとの契約を解除されていた。「よりによってこんなときになぜ感染症が拡大したんだ?」と不運を嘆きたい気持ちもあったが、「自分でコントロールできないこと」に文句を言っていても時間のムダである。

だからアルバイトをしたり、独自にマスクを仕入れて販売したりと、「自分ができること」を必死で探して乗り越えたのだ。

困難に直面したとき、人の行動は2つに分かれる。「自分がコントロールできること」に対処しようとする人と、「自分がコントロールできないこと」に不満や文句を言うだけで行動を止めてしまう人だ。

夢を叶えたいのであれば、どんな困難がやってきても、その中で**「自分がコントロールできること」を探し、そこに対して具体的な行動を起こそう。**必ずそこから突破口が開ける。

感情的な判断をしない

「感情的な判断をしない」

このことは人生のあらゆる局面において大切だが、困難や挫折に直面した際や、夢を諦めるかどうかというギリギリの局面に際しては、特に強く意識するべきだろう。

困難や挫折をしたときは、ただでさえ辛く悲しく、普段よりも感情的になりやすい状態である。だからこそ、感情的にならないように自分を戒めて、冷静に判断しなければならない。

少々上手くいかなかったり、他人から批判されたからといって、ヤケクソになってしまうことは絶対に避けよう。

ヤケクソになって物事を投げ出してしまえば、これまでの努力も水の泡になってしまう。

辛い局面だからこそ、冷静になることを自分に課すのだ。

感情的な判断をしないためには、考えるための時間をきちんと確保することが第一である。できればある程度まとまった時間をとり、その間は夢の対象から少し距離を置く。いったん離れて、自分と夢の状態を客観的に見て判断するのだ。

バスケを引退したときも、感情ではなく冷静に自分の状況を見極めて判断した。引退の決断を冷静に下したおかげで、あまり時間をおかずに営業という次のフィールドでも活躍することができている。

営業の仕事でも、もちろんすべてがスムーズに上手くいくわけではない。ときには理不尽なことが起きてしまうこともあるし、コントロールできないことも起きる。そこで感情的に対応してしまうと、必ず後悔すると思っている。特に「怒り」の感情の判断や、自分のプライドが第一優先に来ている判断は絶対にやめたほうがいい。

感情に任せて正論で相手を言い負かせば、その瞬間はスカッとするだろう。だが正論だけが正解ではないし、相手を言い負かせば勝利でもない。むしろ、長い目で見れば後悔する結果になってしまう。何においても、感情的な判断をしていいことはない。ときには100%自分が悪くないと思ってもグッと我慢することが必要である。

夢の話に戻せば、夢は自身の情熱に根差しているがゆえに、冷静に判断することが特に難しいのは確かだ。

大事なのは、自分の人生をいかに豊かに、幸福にしていくかということだ。夢を叶えることはそのための重要なピースであるが、すべてではない。**夢に執着しすぎ**

ることで、人生が不幸になっては本末転倒である。

他人に自分の人生を委ねるな

力の限り頑張ってきたけれど、もう限界だ。夢を諦めようか……。

このように思う瞬間が訪れたとき、君はどうするだろうか？

夢を目指すのも厳しい道だが、夢を諦めるのも辛い決断だ。僕は夢を叶える大変さを知っているからこそ、夢を諦めるという決断も尊重する。

だがそのときには、**「他人の決断ではなく、必ず自分で決める」**ということを絶対に心してほしい。

夢を諦めるという決断は、諦めた後の人生をイメージしてそれでも後悔しないくらいに「やり切った」と思えるのかどうか。何よりも自分自身が後悔しないかどうか。

本当に「やり切った」と思えるなら、夢を諦めるという決断は、人生を前に進める大きなステップになるから、ポジティブにとらえてよいのだ。

他人に相談してもよいし、アドバイスをもらうのもよいだろう。

でも最後は必ず自分で決めるのだ。

「夢を諦めるな」などと第三者が言うのは簡単だが、所詮は他人ごとだ。自分で責任を負わないからこそ綺麗ごとが言える。

たいていは、あなたの人生に何の責任も負わない人ほど、無責任に夢を煽る。僕だって、結果としてプロになれたから周囲も認めてくれたが、もしプロになれず30代になっていたなら、誰も評価してくれなかっただろう。

他人の意見や評価は、目に見える結果が出るかどうかで180度変わってしまう。

だからこそ重大な決断は、他人の意見に流されず、必ず自分で決めるのだ。

夢を諦めるのは辛い決断かもしれないが、夢を追いかけた日々と、そこで培われた自身の能力は、必ず別のフィールドでも生かすことができるから安心してほしい。

僕は17歳のときに「部活に入らずプロになる」という夢を掲げ、28歳で夢を叶えてプロになり、34歳で引退するまで、全力投球の毎日だった。

もちろん、100パーセント思い描いていた通りの人生だったわけではないし、むしろ予想もしなかった困難や不運に直面したこともあった。だが、「明日死んだとしても悔いはない」と思うほど常にベストを尽くしてきたから、反省することはあっても後悔はない。


あの発明家トーマス・エジソンはこのように言った。

「私は失敗したことがない。ただ、1万通りの、上手くいかない方法を見つけただけだ」


そうなのだ。仮に夢を叶えられずに諦めたとしても、それは人生の失敗ではない。その経験は、次の成功の糧となる。挫折した過去も、未来への財産になる。

ひとつの夢が終わったとしても、あなたの人生は続いていく。次にもっと大きな夢を見つけて、再び走り出せばいい。
人生に、失敗なんてないのだから。

Chapter 5

ドリームキラーと
ドリームハラスメント

夢を追うと現れる「3種類のドリームキラー」

17歳の僕が「部活に入らずにプロバスケットボール選手になる！」と自分の夢を宣言したとき、周囲の反応は冷たいものだった。

「部活にも入ってないやつがプロになれるわけないよ」

「絶対無理だからやめておきなさい。苦労するだけだよ」

「下手くそなんだからやめときなよ」

このように、夢を諦めさせようとする「ドリームキラー」たちが、あっという間に何人も自分の周りにわき出てきたのだ。

ドリームキラーとはビジネス心理学の用語で、言葉の通り「夢を殺す者」「夢の殺人者」という意味だ。「相手の夢を諦めさせようとする存在」のことを指す。

ドリームキラーはひとりではない。様々な人の姿を借りて出てくる。友達、教師、あるいは親やきょうだいなど、身近で親しい立場の人ほど、ドリームキラーになってしまう。それが厄介なのだ。

僕の考えでは、ドリームキラーは次の3パターンに分類できる。

①**無意識的**なドリームキラー：その人を心配して夢を諦めさせようとする存在
②**意識的**なドリームキラー：その人に対する嫉妬で夢を諦めさせようとする存在
③**自分の中**のドリームキラー：自分で自分の夢を諦めさせようとする心の動き

ここでは、この3パターンのドリームキラーそれぞれの特徴や対処法について説明していく。まず覚悟してほしいのは、夢に向かって頑張り始めた瞬間から、あなたの周囲にドリームキラーが現れるのは**「必然」**ということだ。

飛行機が離陸して空に飛び立つ際に、最適なのは「向かい風」だという。向かい風によって大きな空気抵抗を受けたほうが、翼に風を受けて発生する「揚力（上向きの力)」を効率的に得ることができるため、離陸しやすい。

ドリームキラーに何か言われても「なんであんなこと言われるのかな。やっぱり自分には無理なのかな……」などと落ち込むのは時間のムダだ。

「ドリームキラーが現れたということは、自分が夢に向かって前進している証拠だ！」

このように強気に迎え撃ち、自分が飛び立つエネルギーに変えていく心構えで対峙していこう。

「心配」の姿を借りる無意識的ドリームキラー

まずは、①無意識的なドリームキラーから見ていこう。

代表的な存在は、親やきょうだいなど、自分にとって一番身近な家族である。あるいは教師など目上の人がそうなる場合も多い。

なぜ「無意識的」かというと、このタイプのドリームキラーには「夢を諦めさせよう」という明確な意図や悪意はないのだ。

むしろ、あなたのことを心配して、善意からアドバイスをしてくれる。その内容が結果的には夢を諦めさせる方向へと導いてしまう。だからこそ厄介ともいえる。

僕の場合もそうだった。両親は僕の将来を心配するあまり、まさに無意識的なドリームキラーとなって立ちはだかってきたのである。

「バスケをやるにせよ、せめて大学には行っておいたほうがいい」

「アルバイトしながらプロを目指すなんて大変だから、そろそろ就職したらどうか」

こうした発言は、僕のことを心配するからこそ出てきたのだ。

親にとっては、自分たちの常識から考えた「幸せな人生の形」があるので、わが子がそのレールを逸れてしまって不幸になるのが怖かったのだろう。

そんなことを言われても当時の僕は「うるさい」「自分の人生なんだから自分で

責任をとる」などと言って反発していた。「僕のことを信用していないのか」と不信に思ったりもした。

だが、大人になるにつれて親の気持ちも分かるようになってきた。あのとき僕にかけた言葉は、信用していないからではなく、心配してくれていたのだと。

だから後輩などが「僕もプロを目指します」と言ってきても、無責任に「頑張れよ」と応援することは難しい。その道がどれほど大変かは、よく知っているからだ。

では、家族などの身近な存在が、あなたのことを心配して無意識にドリームキラーとなったならどうすればいいのか？

まずは、「ドリームキラーのような言動をとるのは、自分のことを心配してくれているからなのだ」ということを理解しよう。

そして、苦労をさせたくないという思いをくみ取ったうえで、「この苦労は自分の人生にとって必要なものだ。だから自分で頑張るから心配しなくても大丈夫だよ」と、相手にきちんと伝えるべきではないだろうか。

こうして無意識的なドリームキラーを、夢を応援する味方へと変えていこう。

あなたが夢を追いかけられているのも、親や家族の支えがあったうえでのことだろうから、感謝の気持ちを忘れないようにしたい。

ときにはムカつくこともあるかもしれないが、ぐっと我慢して、なるべくケンカはしないように（笑）。

「嫉妬」で足を引っ張る意識的ドリームキラー

続いて、②意識的なドリームキラーの存在だ。

意識的なドリームキラーになりやすいのは、あなたの友達である。

想像してみてほしい。いつもあなたと一緒に遊んでいた友達が、ある日突然、夢を見つけてその実現に向けて努力を始めた。一方、あなた自身はというと、それまでと何も変わらない日常を過ごし、夢に向かって頑張る友達とはどんどん差が開いていく……。

あなただったら、夢に向かって走り始めた友達にどんな感情を持つだろうか？
そこで素直に友達の夢を応援できる人は素晴らしいと思う。だが、そんな友達に嫉妬して、自分のレベルまで引きずりおろそうとする心の動きが出てくることもあるのだ。

こうした存在が、意識的なドリームキラーとなってしまう。

僕の場合も、夢を宣言して頑張り始めたとたんに、それまで仲良くしていた友達が何人もドリームキラーになってしまった。

「部活に入らないでプロを目指すなんて絶対無理だよ」
「あいつ何か勘違いしてるんじゃないの」

夢を否定するような言葉を、面と向かって投げかけられた場合もあれば、こっそりと陰口を叩かれていたこともある。

僕も最初は「なんで応援してくれないの？」とショックを受けたりしていたが、じきに慣れてしまった。なぜなら、本気で夢に向かって努力を始めると、嫉妬から足を引っ張ってくる友達の相手などをしている時間や労力がなくなっていくからだ。

意識的なドリームキラーへの対処法はシンプルだ。

「相手にしない」ということに尽きる。

自分から友達を切り捨てるようで、悲しい気持ちになるかもしれない。しかし、自分が成長していくにつれ、必然的に人間関係も変わってくる。自分のステージが変われば、違うステージにいる人とは話が合わなくなる。これが世の常だ。

何かを得ようと思ったら、何かを捨てなければならないときもある。友達がドリームキラーになってしまったなら、「自分は次のステージに行くときなのだ」と思って、静かに距離をとればよい。その友達とは、過去の楽しかった思い出があれば十分じゃないか。

そして、ドリームキラーたちを黙らせるには、目に見える結果を出すしかない。

僕もプロバスケ選手になったとたん、昔さんざん批判していた友人が急に手のひら返しをして近寄ってきたりした。人間、そんなものだ。

嫉妬から足を引っ張ろうとするドリームキラーが現れたら、それは自分が夢に向かって成長している証拠だ。イライラしたり悲しんだりして心が惑わされたりするのは、自分に自信がないからだ。

次のステージで、自分と同じレベルで分かり合える新しい友達に出会えることを楽しみに、強い意思を持って前に進んでいこう！

自分で自分のドリームキラーになるな

そして、③自分の中に存在するドリームキラーもある。

自分で自分の夢を諦めさせようとする、弱い心の働きは誰にでも起こる。

夢に向かってどうやって自分をコントロールしていけばよいかは、この本全体を通じて様々な角度から述べているので、ここではひとつだけ注意すべき点を挙げておきたい。

それは、SNSの存在だ。

今の時代、ネットやSNSと完全に無関係で生きていくのは困難だ。特に若い人は、子どもの頃からSNSに親しんでいるから、もはや生活の一部となっている人も多い。僕自身も目標達成のツールとしてフル活用している。

しかしSNSには注意しなければいけない点がある。

それは、自分が辛いときや苦しいとき、壁にぶつかったときなどに、SNSを逃げ道に使ってしまうことだ。弱い自分を肯定するために、SNSで言い訳を探すようになるのだ。

夢に向かう途上では苦しいことがたくさんある。そのときにふと弱音をSNSでつぶやいてみたりすると、弱い自分を肯定するかのような意見がたくさん寄せられる。

「無理しなくてもいいんだよ」

「あなたはそのままで大丈夫」

「頑張ることだけが幸せじゃない」

一見、あたかも「名言」のような雰囲気をした、こうした言葉が危険なのだ。

自分を甘やかしたり、弱い自分を認める言い訳のような意見ばかりに耳を傾けていると、いつしかぬるま湯から抜け出せなくなる。ＳＮＳで探した言い訳は、味方のように見えて、実は自分自身に対するドリームキラーとなるのだ。

ＳＮＳには「エコーチェンバー現象」があり、自分と考え方や価値観が似た人たちがつながっていく傾向がある。似たもの同士のネットワークの中で、自分の意見を発信すると、同じような意見が返ってくる。すると、閉じた小部屋で音が反響するかのごとく、「やっぱり自分の考えは正しいのだ」という感情がどんどん増幅してしまう。

違う意見だったとしても、あえて反論しようとする人は少数だ。多くは「自分は違う考えだ」と思ったとしても、何も反応しない。

ＳＮＳのこうした「負のサイクル」にハマってしまうと、ＳＮＳでの意見を逃げ道にして、「自分はこのままでいいんだ」とコンフォートゾーンにとどまることを正当化するようになってしまいがちだ。

そうした心地良い言葉を発信する側のインフルエンサーたちは「SNSの言葉を逃げ道にして安心したい」というニーズが世の中にあふれていることを熟知して、フォロワーを増やすために計算ずくで発信していることも知っておくべきだ。

自分の活動を効果的にアピールするなど、頑張るためにSNSを使うのは大賛成だ。しかし、SNSを逃げ道に使うようになると、それが自分自身のドリームキラーとなってしまう。その危険性は十分認識しておこう。

他人から夢を強要される「ドリームハラスメント」

少し前のことだが、多摩大学職員の高部大問さんが書いた『ドリーム・ハラスメント「夢」で若者を追い詰める大人たち』(イースト新書)という本が話題になった。

「ドリームハラスメント」とは、主に大人が「夢を持つこと」を過剰に勧めることによって、子どもたちがその圧力に苦しんでしまう事態のことである。

例えば、学校では子どもたちに対してこんな声掛けをされることがよくある。

「あなたの将来の夢は何ですか？」

「夢を持って頑張ることは素晴らしい」

「君も夢を持つべきだ！」

大人としては、子どものために良かれと思って呼びかけているのだろう。

しかし当の子どもたちにとっては、「夢を持つこと」を強要されるように感じてしまい、どんどん苦しくなってしまう。

「そんなこと言われたって、私には夢なんかないし……」

「特に夢を持っていない僕は、ダメな人間なんだろうか……」

「『●●君は夢に向かって頑張ってるのに〜』なんて比べられても困るよ……」

このように受け止めた子どもたちは、かえって夢を持とうとしなくなる。

僕自身も学校で夢を持つように強要されていたから、
「そんなこと、あなたたちに言われる必要ない。**夢を持つかどうかは自分で決める**」

こんなふうに反発を覚えていたのだ。

それでいて、僕が「部活に入らずにプロバスケットボール選手になる！」と自分の夢を宣言したら、「夢を持て」と言っていた人たちが「そんな夢はやめろ」と一斉に反対に回った。自分たちが想定していた夢のイメージやあるべき姿と違っていたからだろうか。理解できない。

また現在でも、子どもたちの授業に行くと「夢の大切さを教えてくれ」と頼まれる。なぜそんなに夢を持つことを強要しようとするのか、違和感を覚えていた。

他人から夢を強要されるドリームハラスメントによって、自分自身の夢を見失ってしまったり、夢を見つけようとする気力が萎えてしまうのは、本当にもったいないことだ。

「夢を持つか、持たないか」を、他人に指図される筋合いはこれっぽっちもない。

誰に何を言われようとも、自分の人生は自分で決めていこう。

自分の夢は自分で決めよう

大人たちは、夢を持つことの厳しさや辛さといった「現実」をなぜ正直に話さないのだろうか。

それは自分が夢に向かって真剣に努力した経験がないか、あるいは現在進行形で達成に向けて頑張っている目標がないからだろう。だから夢を必要以上に美化して絵空事のような言葉を子どもに投げかけて自己満足している。

もっと率直に自分の言葉で子どもたちに呼びかけてはどうか。

「今、土日はギターを習っているんだ。いつか友達と一緒にオヤジバンドを組んで、小さなコンサートを開くのが夢なんだよね〜」

こんな感じで、大それた夢でなくてもいいから、今自分が頑張っていることを自分の言葉で語りかけてほしい。そうすれば子どもたちだって「みんなあんなふうに頑張っているから、自分も頑張ってみようかな」と自然に思ってくれるのではないか。

僕は最近、小学校や中学校に呼ばれて、自分の体験を話す機会も増えてきた。子どもたちと接していて実感するが、大人よりもむしろ今の子どもたちのほうが、自分でネット検索をしたりして情報を入手し、「現実」を冷静に認識している。

彼ら彼女らにキラキラした理想論は通用しない。

だから僕は、「夢を持つことは本当に大変だよ」と厳しい現実を伝える。自分の体験を話すときも、「正直めちゃくちゃしんどかったよ」とオブラートに包まずありのままに話をする。夢を持つことの大変さが身にしみて分かっているからだ。

ときには「夢はなくてもいいんだよ」と率直に伝えることもある。

小学校高学年から中学生くらいの子どもたちは、大人が考えているよりずっとリアリストで、物事を鋭く見ている。通りいっぺんの「いい話」はすぐにシラケられてしまう。

僕は厳しい現実をありのままに本音で伝えることで、夢を持つことを無責任に推奨する教師たちよりも、子どもたちから信頼されるのだ。

そして最後にこのように話して子どもたちを励ます。

「夢を持つのは大変だ。だから夢を持つのか持たないのか、持つのであればどのような夢を持つのか。すべてを自分で決めよう！　自分で決めた夢だからこそ、頑張れるんだ！」

何よりも大切なのは、**「自分で決める」**ということ。自分で決めた人生を進んでいく中にこそ、幸せも感じられるのだ。

Chapter 6

夢を叶える力になった「5つの言葉」

ここでは、僕がこれまでの人生で影響を受けた言葉や自分自身で大事にしていた言葉の中から、「夢を叶える」ための力になったものを5つピックアップしてご紹介したい。

この本を読んでいるあなたにとっても、何らかの刺激を与えてくれるだろう。

①自分は何者でもない

これは、僕がプロバスケットボール選手として活動していた32歳の頃に、経営者をしている2歳年上の従兄から言われた言葉だ。

僕に教えてくれた従兄自身も、若い頃、独立する以前に勤めていた会社の上司にこの言葉をかけられたそうだ。

「自分は何者でもない」とは、「自分はまだ何も成し遂げていない、ただの人なのだから、常に謙虚でいよう」という戒めの言葉である。

従兄がその言葉を教えてくれたのは、長年の夢が叶ってプロになった僕から、何らかの傲慢さを感じたからかもしれない。あるいは、プロになって浮かれて、調子に乗っていたということもあっただろうか。もちろん自分自身に自覚はない。

プロになったとはいえ、僕は誰もが知るようなスター選手ではなかった。バスケ界においては、たくさんいるプロ選手のひとりにしか過ぎない。

そんな当たり前の現実に気づかされ、目の覚めた思いがした。

従兄のアドバイスのおかげで僕はどんなことがあっても常に謙虚に周りに感謝ができるようになっている。

営業マンとして仕事をしている今でも、折に触れてこの言葉を思い出す。

「新人歴代1位といっても、他にすごい人はたくさんいる。いつも謙虚に、お客様のために尽くす姿勢を忘れないようにしよう」

このような意識を保ち続けていられるのも、従兄が教えてくれた「自分は何者でもない」という言葉のおかげだ。

どれだけ結果を出したとしても、自分のことを「すごい」などと思った瞬間に、成長は止まってしまう。そのプライドが邪魔をして、他人に頭を下げられなくなり、周囲から人が離れていく。これではせっかく夢を叶えて、お金や名誉を得られたとしても、自分自身が不幸になってしまうのだ。

夢が叶って、喜びの頂点にいるときこそ、謙虚に振る舞うことを忘れないでいたい。

②人生の主人公は自分

あくまでも自分の人生の主人公は、自分自身である。

だが実際には多くの人が、自分を主人公にした人生ではなく、他人を主人公にした人生を送っているように思えてならない。

周りの目を気にして生きている人は、自分の夢を叶えるのは難しい。僕がもしも周囲の反応を気にしてしまう性格だったら、「部活に入らずにプロになる」という夢を叶えることは不可能だっただろう。

僕がようやくプロ契約にこぎつけたのは28歳のときだ。18歳で高校を卒業して以来、キャバクラをはじめいろいろなバイトをしながらバスケをしてきた。その間に同級生たちは、大学に行く人もいれば、就職している人もいる。

25歳にもなれば、大学卒業から就職しても社会人3年目、高卒で就職した友人たちはもう7年目で、その会社でいっぱしのベテランになっている。

想像してみてほしい。社会人として働いて数年が経ち、仕事にも自信を持ち始めた頃。場合によっては、結婚して家庭を持っているかもしれない。そこでふと、かつてのクラスメイトである夏という男の話を聞く。高校時代から「部活に入らずにプロになる」と言い張っていたが、卒業してからもバイトしながらアマチュアで細々とバスケを続けているらしい……。

あなたならどう思うだろうか？

「あいつ、いい年して何やってるんだ」

「子どもじゃあるまいし、いつまでもバスケやっていて将来どうするつもりだろう」

こんなふうに思うのが普通かもしれない。

実際、僕もかつてのクラスメイトたちにそんな反応をされたこともあったし、まして両親はもっとシリアスに心配していた。

そんな状況で**「僕の人生の主人公は僕だ」**と言い切り、自分の思うように進んでいくのは、なかなか大変だ。

でも、あなたの人生に口出ししてくる他人は、あなたの人生に責任を持ってくれるわけではない。そして、あなたが周りの目をいくら気にしたところで、周りはそこまであなたのことを気にしていない。

上手くいっても、上手くいかなくても、すべては自分の責任だ。自分で決めた通りに生きなければ、最後にきっと後悔する。人生の主人公は他の誰でもない。自分自身だ。そう開き直って目指す方向へ突き進んでいこう。

③選択ができる幸せ

「挑戦する？　諦める？　選択ができるだけで十分幸せ」

夢に向かう途上で、困難や挫折に直面すると、「世の中で自分ほど辛い目にあっている人間はいない」などと落ち込んでしまうときもあるだろう。

だがそんなときほど、一歩引いて、広い視野で自分を見つめ直してみよう。

そもそも、世の中で「夢を追いかけられている人」はどのくらいいるのだろうか？

夢がない人、他人の目を気にして持ちたくもない夢を持っている人。

夢を追いかけようと思ったが、様々な事情で断念せざるを得なかった人もいる。

こう考えていくと、たとえ今は夢を叶える途中だったとしても、いったんは夢に向かって走れたこと自体が幸せだと思うべきだ。

極端な話、戦乱に巻き込まれている国や地域に住んでいたならば、夢を追いかけるどころか、自分と家族の身の安全を確保するだけで精一杯のはずだ。「夢に向かって挑戦すべきか？　それとも諦めるべきか？」という選択肢があること自体が、とても幸せなのだ。そう自覚しよう。

現在の状況に感謝するように心がければ、自然と前向きな自分になっていくし、そのポジティブな人間性に周囲の人も集まってくる。夢を叶えるための味方づくりも、まずは自分自身がすべてに感謝できるようになるところから始まるのだ。

僕はプロになってからほとんど試合に出られなかった時期があった。そして一度戦力外でプロから離脱、そこから復帰して再び試合に出た瞬間、「試合の場に立てるだけで、本当に幸せだ」と心から実感した。そう思うようになってからは、緊張や不安、試合に集中する以外の雑念がすべて些細なことのように思え、気持ちよくプレーできるようになった。

夢に向かって挑戦する機会を得られる。それだけのことが、どれほどありがたいことか。それを知ってからは、些細なことで落ち込んだりはしなくなった。

夢に向かって、挑戦するか、それとも諦めるか。その選択肢がある幸せをかみしめながら、後悔のない選択をしていこう。

④結果がすべて

シンプルな言葉だが、ここに真理がある。
「頑張っている」ということにフォーカスしてしまうと、自己満足に陥ってしまう。現状の結果にフォーカスするのだ。結果を出すことから逃げるやつは、絶対に夢を叶えられない。

夢を追いかけていると言いながら「結果は二の次でいい。俺は自分の好きなことをやれていれば幸せだ」などと甘ったれた考えを持つ人もいる。だが、結果から目を背けた挑戦は、長い目で見ると行き詰まるし、上手くいくことはない。最初から自分に逃げ道を用意して、夢を叶えようとするなんて都合のよい話はないだろう。

もちろん、結果が出るかどうかは、運に左右されることもある。努力した通りに結果が出るとは限らない。

でも、あくまでも結果を追い求めて努力をしなければ、実際に結果を出せることもないし、自分自身の成長もない。結果を追求するからこそ、そのプロセスにも意味が生まれる。

「結果がすべて」と言うと、「なんだかガツガツして感じが悪い」と思うかもしれない。

だが僕にとっては結果がすべてだった。

「部活に入らずにプロになる」「新人歴代1位の営業成績をとる」という結果を出したからこそ、これまでやってきた努力が認められたのだし、その後の自分の言動にも説得力が出る。今僕が何かをやろうとしたとき、周囲に協力してくれる人が集まってくるのも、これまで結果を出し続けてきたという信用があるからなのだ。

これが仮に、プロにもなれなかった、新人歴代1位もとれなかったとなれば、「夏さんは威勢のいいことばかり言うけど、実現したことはないよね」と、人として全く信用されなくなっていただろう。

夢に向かって努力し、それでも結果が出ない人に気を遣って、励ます意味で周囲が「結果がすべてではない」と声をかけることはある。それはいいだろう。だが自分で自分に対して「結果がすべてではない」と甘やかしては、夢を叶えるスタートラインにすら立つ資格がないだろう。

先日、ユーチューブであるバスケの動画を見た。

アメリカ人の父親と息子が、１ｏｎ１で対戦している。息子は高校生か大学生くらいで、体力もスピードも見るからに上だ。父親は元ＮＢＡプレーヤーなのだが、現在は太っているため動きも鈍い。最初は、息子が大勝するのではないかと思っていた。

ところが、父親は体格のアドバンテージを生かしてゴール前で良いポジションを陣取り、息子になかなかシュートを打たせない。オフェンス時も同様で、体ごとぶつかって押し込んでいき、シュートを決めてしまう。

結果、優れたテクニックを持つ息子を寄せ付けず、父親が圧勝した。

「こんなバスケはつまらない」と息子が文句を言うと、父親がこう諭す。

「お前は何のためにバスケをやっているんだ？　ボール遊びがしたいのか？　バス

ケの試合の目標は勝つことだ。ゴールにボールを入れて、得点が多いほうが勝つのだ。それが分からないなら、俺の現役時代のハイライトでも見てからやり直せ」

本当にカッコいいセリフだ。説得力がありすぎる。

見栄えのいいテクニックもスピードも、ゴールにボールを入れて勝つためのプロセスにしか過ぎない。プロセスにばかり目がいく息子に対して、勝つという結果を追求する大事さを父親が説いたのだ。

「結果がすべて」

この言葉を胸に刻んで行動を続ければ、あなたもきっと夢を叶えられるはずだ。

⑤一喜一憂しないことが挑戦において最も大事

「結果を出した後が一番大事」僕は現在常にこれを意識して物事に取り組んでいる。

結果を出した後は嬉しい気持ちになるし、達成感ももちろんある。それは決して悪いことではないが、そこで安心しきってはいけない。結果は常に出し続けていかないといけないからだ。

プロ選手でも一試合良い結果を出しても次から結果がずっと出なければ、やがて試合に出られなくなり、最後は契約更新できずに終わってしまう。

営業職でも同じだ。一度結果を出して、その後結果が出なかったら意味がない。

ものすごく厳しい現実だが、これが事実である。単発的な結果で終わらないためにも、一喜一憂している場合ではないのだ。

小さな結果をコツコツ積み上げて、やがて大きな結果につながる。大きな結果の後もまたさらに同じように小さな結果を積み上げていく。

止まっている暇などなく、一喜一憂せずに謙虚に自分の最大限の努力を続ける。

挑戦とはこれの繰り返しだ。

Epilogue

見えない努力と見える努力

見えない努力の土台に、見える努力で結果を積み上げる

夢を叶えるためには、「見えない努力」と「見える努力」が必要だ。

この2つは車の両輪のようなものであり、どちらが欠けても夢に向かってまっすぐ進むことはできない。

「見えない努力」とは、他人の目から見ても分からない、あなた自身の内面を変えるための努力だ。

夢を決めたら、「何としてもやり遂げる」という気持ちと覚悟を作っていく。何よりも、夢に対する熱量を自分の中に高めていくこと。自分の中からわき上がる熱いものがなければ、夢なんか叶えられない。

自分の熱量を高める努力は、外からは見えない。周囲からすると、一見、何も変わっていないように思われるだろう。

だが、あなたのマインドは着実に変化している。夢を決めて、自分の現状を分析し、そのために必要な手段を探る。ドリームキラーの言葉や、モチベーションの上下に影響されない確固たる自分自身を築く。夢を追いかけられる環境にいることを感謝し、謙虚に自己を高めていく。

こうした日々の「見えない努力」を続けていくと、さほど時間をおかずに、周りが見て分かるくらいに行動が変わっていく。**本気の決意は、必ず行動に反映されるからだ。**

「見えない努力」で土台を培ったら、そこに「見える努力」という現実の行動を積み重ねていこう。

自分の夢を周囲に宣言し、「〜をやる」とハッキリ言い切る。ゴールが決まれば、やるべきことも明確になる。スピードを重視して、いろいろなことに首を突っ込んでいくと、相乗効果でさらに面白い話が舞い込んでくるようになる。

そうして足を踏み入れたフィールドで、小さな結果をひとつひとつ積み重ねていく。結果が目に見えて表れてくると、足を引っ張ろうとしていたドリームキラーたちは何も言えなくなる。

実績ができてくると、やがて、今の環境に物足りなさを覚えるようになるだろう。そう感じたら、さらに自分を高めてくれるステージへステップアップするときだ。環境を変えることをためらってはいけない。環境を言い訳にせず、貪欲に上を目指して動くのだ。

あなたの周りには、夢を応援してくれる仲間がどんどん増えていくだろう。応援されっぱなしではなく、あなたも他人の夢を応援してあげよう。困っていたら力を貸してあげよう。

夢はひとりでは叶えられない。自分だけでなく、周囲のみんなと一緒に夢を叶えていくのだ。

「見えない努力」と「見える努力」の相乗効果で、あなたの周囲にポジティブなネットワークがどんどん広がっていくだろう。

夢を叶えるための努力をすると、自分だけでなく、周りの人たちにもよい影響を及ぼしていくのだ。

人生は「思い通り」ではなく「行動した通り」になる

人生は「思い通り」ではなく、「行動した通り」になる。これが、いつの時代も変わらないシンプルな鉄則だ。

僕が夢を叶えることができたストーリーを他人に語ると、「SNSという便利なツールがあって良かったね」といった反応が返ってくることがある。

確かに僕は自分がSNSをかなり活用してきたという自覚はあるし、今後も使っていくだろう。

だが本質はSNSというツールにあるのではない。

結局のところ、**「行動するか」「行動しないか」に根本的な差があるのだ。**

「SNSがあって良かった」と思うのであれば、サッサと自分でアカウントを作って始めればいいだけの話だ。基本的には無料で使えるのだし、始めるハードルは極めて低い。

それでも、あれやこれやと理由をつけて始めない。あるいはせっかくSNSを始めても、「反応がない」「忙しい」など言い訳をして途中で辞めてしまう。ほとんどの人は、結果が出るまで続けられない。いや、続けないのだ。

時代が変わり、どれだけ社会環境が変わっても同じだ。

行動する人は、その時代に存在するツールを活用して、行動する。SNSがなかった時代でも、手紙や電話やファックスなど使えるものを駆使して、それもなかったら直接会いに行って話して、周囲の人を味方につけるために行動するだろう。

そして、行動しない人は、いつの時代もいろいろと言い訳をするだけで、結局は行動しない。手紙も出さないし、電話もかけない。ファックスも送らない。ツールの問題ではなく、本人のマインドの問題なのだ。

時代がどれだけ変わろうとも、**行動した人間だけが結果を出せる。夢が叶うまで**

動き続けた人間だけが、夢を叶えられる。この鉄則は変わらない。

いくら心の中で思っていても、行動で表さなければ現実はこれっぽっちも変わらない。

あなたが行動しようとするときにブレーキをかけるもの。親や教師から教わってきた常識、周りにいる他人からの目、ドリームキラーたちからかけられた「無理だよ」「やめておけ」という言葉……。

そんなものクソくらえだ！　さっさとゴミ箱に捨ててしまおう！

僕はバスケでも営業でも、周りの誰よりも行動したからこそ、無理だと思われた夢を実現できた。上手くいくかどうかなんて、考えなかった。考えたって分からないし、行動しない理由が増えていくだけだからだ。


今の世の中はみんな考えすぎだ。考えて、ネットで検索して、ネガティブな情報を見てはまた心配になって、そして結局、行動できない。

そんな人たちばかりの世の中だからこそ、ただ行動を起こすだけで、あなたは大勢の中から一歩抜け出せる。簡単なことじゃないか。

準備なんていらない。いきなり本番に挑んでしまおう。失敗して当たり前。恥ずかしい思いをしながら学んでいくのだ。それが成長の一番の近道であり、夢を叶える最短ルートだ。

ネットやSNSで自分に耳あたりのよい言葉を探しては、その心地良さに逃げ込んでいてはいけない。この豊かな日本では、頑張らなくても飢え死にすることはない。甘えようと思えばいくらでも甘えられる。

「あなたはそのままでいいんだよ」「がむしゃらに頑張らなくてもいい。コスパよくやろう」

こんな甘い言葉に従って、ぬるま湯にひたっていたら、何も成し遂げないままあっという間に人生は終わってしまう。

厳しいと思うだろうか？　でも、その厳しさの向こうに、夢を叶える喜びがある。

今僕は、生命保険の営業マンとして全国を駆け回り、「全47都道府県のお客様との契約」を目指している。

新しい挑戦は刺激に満ちていて、毎日が楽しくて楽しくて仕方ない。もちろん辛い日々も当たり前のようにある。それが挑戦というものだ！

「今日はどんな出会いがあるんだろう？」
「明日はどんなドラマが待ち受けているんだろう？」

夢を追いかける人生は、ワクワクの連続だ。

さあ、本を読んで勉強する時間は終わりだ。この本を閉じて、さっそく行動してみよう。

ＳＮＳを更新するでもいい。気になっていた講座やセミナーに申し込むでもいい。転職エージェントに登録するでもいい。あるいは、気になっているあの人にＬＩＮＥするでもいい。

人生は、「思い通り」ではなく、「行動した通り」になる。

今日からの行動が、あなたの未来を変え、あなたの人生を作っていくのだ。

おわりに　夢はなくてもいい

ここまで読んでいただきありがとうございます。

さて、ここまでずっと「夢」について話をしてきましたが、僕自身読者の皆様に「夢を持とう！」と言うつもりは実は全くありません。

散々夢について語っていて何だその矛盾は⁉　となると思いますが。（笑）

僕はここまでの20年間ずっと夢を追ってきました。大げさじゃなくバスケットボールに人生すべてをかけてきました。その道のりは挫折の繰り返しで本当に大変でした。もちろんその分、達成感や充実感もたくさん味わってきました！

その中で11年越しにプロになる夢を叶え、そしてさらに10年後に出版の夢を叶えることができました。

「17歳の頃の夢をすべて叶えた！」

自分自身もっと飛び跳ねるように喜ぶかと思ったのですが、そんなことはなく意外にすごく冷静で、逆にこんな感情が生まれました。

「なぜここまでの険しい道のりを歩んできたんだろう？」

「何のために夢を叶えたんだろう？」

ここまでの夢への挑戦の人生を振り返って辿り着いた答えはこれでした。

「夢を叶えるために人生があるんじゃない。【幸せ】になるために人生はあるんだ」

と。

夢を追いかけているとき、僕は周りの人にも「みんな夢を持つべきだ」「人生は

1回だから挑戦するべきだ」と説いていました。
ただそれは違っていたんだなと今は思います。

たまたま僕の幸せは【挑戦】することだった。ただそれだけです。
僕が皆様に伝えたいことは、人生の主人公は自分自身。他人の人生を生きずに、自分が心の底から「今、幸せです！」と言える人生を歩んでほしいということです。

周りの目を気にして生きるのは今すぐやめましょう！
夢を持つのも自由、大きい夢、小さい夢もありません。すべては幸せになるために、そして後悔のない人生を送るために！

この本を読んでくれた方々が「自分の人生を生きよう」「自分の幸せを追い求めよう」と思っていただければ幸いです。

そして僕と同じように夢を追いかけているのなら、この本が夢を叶えるための手助けに少しでもなれれば嬉しいです。

最後に僕には今、別の夢があります。

それは……

【保護動物を預かれるカフェを作る】ことです！

動物がとにかく好きなので、できる範囲内で少しでも助けてあげたい！

これが次の夢であり、僕の幸せです！

この本を読んでくださった皆様の幸せを心から祈っております。

本当にありがとうございました。

<Instagram>

https://www.instagram.com/tatsuyukinatsu

<Tik Tok>

http://www.tiktok.com/@natsu.0530t

夏 達維（なつ・たつゆき）

公園から成り上がった元プロバスケットボール選手

愛知県出身。高校時代、「部活に所属していなくてもプロ選手になれることを証明する！」と決意。11年間の努力の末、バスケ部無所属でプロ選手になる夢を叶え、トップリーグで活躍した。

プロ生活の中で、チームの経営破綻や経営難、給料未払い、そして借金と様々な困難に直面するが、思考や行動を前向きに切り替え、ピンチを乗り越える。

引退後は、未経験の保険営業職で全国新人歴代第1位に輝き、1年目で卓越した生命保険・金融プロフェッショナル組織であるMDRT（Million Dollar Round Table）に選出。180週連続契約獲得を果たし、現在もその記録を更新中。

逆境を乗り越え、何度も目標を達成した今、誰でも実現可能な夢の叶え方をひとりでも多くの人に知ってもらいたいという思いから本書の執筆に至った。

僕《ぼく》は叶《かな》える

無謀《むぼう》な夢《ゆめ》を実現《じつげん》しよう！

2024年4月23日　初版第1刷

著者　夏《なつ》 達維《たつゆき》

発行人　松崎義行

発行　みらいパブリッシング

〒166-0003 東京都杉並区高円寺南4-26-12 福丸ビル6F

TEL 03-5913-8611　FAX 03-5913-8011

https://miraipub.jp　mail：info@miraipub.jp

企画協力　Jディスカヴァー

編集　大前沙季

ブックデザイン　則武 弥（paperback Inc.）

発売　星雲社（共同出版社・流通責任出版社）

〒112-0005 東京都文京区水道 1-3-30

TEL 03-3868-3275　FAX 03-3868-6588

印刷・製本　株式会社上野印刷所

ISBN978-4-434-33797-0 C0030